참고 버티는 관계는 진짜 관계가 아닙니다.

사람으로 인해 더 이상 아프지 않기를

사람으로 인해 이제는 웃을 수 있기를 바라며

.... 에게 이 책을 선물합니다.

이제껏 너를
친구라고
생각했는데

이제껏 너를
친구라고
생각했는데

친구가
친구가 아니었음을
깨달은

당신을 위한
관계심리학

정신분석 전문의 성유미 지음

ꭵNFLUENTIAL
인 플 루 엔 셜

고백하건대 이 책은 나의 첫 책이다. 처음이라는 것은 늘 그렇듯 두려움, 떨림, 설렘을 동반한다.

나는 어쩌다 이 낯설고 특별한 여정에 첫발을 내딛게 되었을까?

'관계'에 대한 질문을 갖고 나를 노크한 사람이 있었다. 나는 단박에 그 주제에 끌렸다. 물론 책이라는 매체를 통해 생각을 표현하는 과정 자체에 대한 호기심도 있었다. 그렇게 해서 지금의 내 나이에는 전혀 계획된 바가 없던 '책 쓰기'가 시작되었다. 마침 그때 두 번째 출산을 준비하고 있었는데 출산 후에는 여력이 없을 거란 생각에 '짧은 시간' 글을 완성하겠다는 일념으로 그렇게 겁 없이 뛰어들었던 것 같다.

관계에 대한 질문에서 시작한 이 책은 철저히 '관계성' 속에서 만들어지고 출판되었다. 나 혼자였다면 불가능했다는 말이다. 초안을 넘기고 나서도 출판이 바로 되지 않은 덕에 책 내용은 한층 업그레이드가 되었다. 아이가 출산 전 엄마의 자궁 안에서도 자라듯이 이 책도 세상에 나오기 전에 시간과 함께 자란 셈이다. 그렇게 1년, 2년 지나는 동안 나의 생각도 변화하고 진전했다. 여전히 부족함이 있지만 그 덕분에 책의 내용이 이만큼의 깊이를 더하게 되어 다행스럽게 여긴다.

"기쁨을 나누면 배가 되고 슬픔은 나누면 반이 된다."

이 오래되고 단순한 문구가 더 이상 사람들 가슴에 감흥을 일으키지 못하고 되려 냉소를 받는다는 것은 꽤 씁쓸한 일이다. 오히려 역설의 문장들이 진실로 와 닿을 지경이다.

그만큼 오래된 관계에서 오는 상처와 아픔, 배신의 흔적들은 쉬이 지워지지 않는다. 그저 흉터로 남고 끝나면 다행인데 기어이 삶을 바라보는 눈을 바꾸고 다른 사람을 대하는 마음의 온도를 낮추고야 만다.

그런데 배신의 순간보다 더 힘든 것은 배신 그다음에 남은 날들이다. 밤에 잠을 이루지 못할 만큼 쓰라리고, 몇 해가 지나도 잊히지 않을 만큼 진한 얼룩들이 마음에 배기 때문이다.

나는 그런 아픔을 가진 사람들이 이 책을 읽었으면 한다. 관계를 새로 시작하려는 사람들에게도 도움이 되겠지만, 실은 오래된 관계를 겪어오면서 이모저모로 '당한' 사람들의 상처에 더욱 주목했다. 그리고 그 너머의 치유 과정, 새로운 인간관계를 향한 도전을 조심스럽게 제안하고 격려한다. 쉽지 않을지 모른다. 그렇지만 "기쁨을 나누면 배가 되고 슬픔은 나누면 반이 된다."는 빛바랜 문구가 일상의 기적으로 다시 찾아올 수 있음을, 나는 이 책을 통해 이야기하고 싶었다.

친구란 무엇일까. 열 명이면 열 명이 다른 답을 내놓겠지만, 나는 그저 기쁨과 슬픔을 함께 나눌 수 있는 사람이 친구라고 생각한다. 결국 우리는 각자를 지향하나 함께일 때 가장 행복한, 친밀함의 추종자들이기 때문이다.

오늘의 나를 있게 해준 가족과 나의 진정한 친구들 – 록이, 현이, 원이에게 마음 깊이 사랑한다, 고맙다는 말을 전한다. 그리고 이 책이 출간되기까지 늘 진실한 나눔으로 모든 여정을 함께한 '두 사람'에게 마음 깊이 경의를 표하고 싶다. 끝으로, 이렇게 '첫 책'이 나올 수 있도록 애써주신 출판사 인플루엔셜에 감사한다.

2019년 3월

성유미

이제껏 너를 친구라고 생각했는데

'이용당했다'는 말에
관하여

~~~~~~~~~~~~~~~~

...

관계를 이해하기 위한 첫걸음

열아홉 살 지현 씨는 어느 날 친구의 인스타그램을 보고는 자신이 첫 번째 절친이 아님을 깨닫고 큰 충격을 받았다. 직장인 우연 씨는 당연히 올 거라 믿었던 10년 지기들이 이런저런 핑계로 결혼식에 오지 않자 황당함에 할 말을 잃었고, 40대 영현 씨는 자신을 수십 년간 감정 쓰레기통 삼아온 가족에 대한 분노로 마음에 병이 생겨 상담을 받기 시작했다.

그렇다. 이 책을 펼쳐든 독자라면 관계로 인해 아픈 사람일 가능성이 높다. 이들은 나이도 제각각, 대상도 제각각, 사연도 제각각이지만 모두 하나의 이야기로 귀결된다. 나와 너, 나와 그것에 관한 이야기다.

나는 본격적인 이야기에 앞서, 조금은 무겁지만 중요한 부분을 짚어보려 한다. 바로 여기에서부터 자신에 대한 이해, 타인에 대한 이해, 결국엔 관계에 대한 이해가 시작되기 때문이다.

. . .
마르틴 부버가 말하는 관계

관계철학자라 불리는 마르틴 부버(Martin Buber)는 내가 타자를 택하거나 내가 타자에게 택하여짐이 만남이라고 정의했다.* 택함과 택하여짐이 동시에 이뤄지는 것이 만남이라는 뜻이다. 여기에는 관계에 대한 중요한 통찰이 있다.

사람들 대부분은 자신이 상대를 택한 것만 본다. 하지만 이건 반쪽짜리 생각에 불과하다. 자신 역시 상대에게 택하여진 존재다. 이런 '택하여짐'을 이해해야만 '왜 상대가 나에게 집착하고 왜 나를

---

* 마르틴 부버, 〈나와 너〉, 표재명 옮김, 문예출판사, 2001.

이제껏 너를 친구라고 생각했는데

이용하려 하는지'를 이해할 수 있다. 이런 관점에서 보자면 이별, 이혼, 절교와 같은 절연(絶緣)은 '택함과 택하여짐' 간의 끊어짐이다.

마르틴 부버의 핵심 이론은 '나와 너와의 관계(Ich-Du)'와 '나와 그것의 관계(Ich-Es)'로 관계를 분류한 데에 있다. 눈치챘겠지만 전자는 '너(인격)'가 대상인 반면, 후자는 '그것(사물)'이 대상이 된다. 여기에서 중요한 것은 나라는 존재의 이중성이다. 무슨 말일까? 부버는 어떤 대상과 만나느냐에 따라 '나'가 달라진다고 본다. '나와 너에서의 나'는 인격인 반면 '나와 그것에서의 나'는 사물을 이용하려는 주체이다. 똑같은 나인 것처럼 보이지만 '인격자와 이용하려는 자'라는 정반대 의미를 담고 있다.

"나는 너를 믿었는데 너는 나를 이용했어."

현대인의 상처가 바로 이 지점에서 탄생한다. 나는 '인격자로서의 나'로 네 앞에 섰는데, 넌 '사물을 이용하려는 자'로 내 앞에 섰으니 이 다름이 분노와 상실을 낳는 것이다.

"이용당했어!"

이 말 안에는 '자신을 인격적으로 대하지 않은 것에 대한 불쾌감' 그리고 '타인이 수시로 자신을 판단하고 가치를 매기는 것에 대한 불안감'이 들어 있다.

· · ·

어쩌면 나 또한 너를 이용해왔다

그런데 여기서 질문 하나를 던진다. 이용하고 이용당하고, 어느 누구가 여기에서 자유로울 수 있을까? 보통은 자신이 '그것'이 되는 것에 대한 불쾌함만을 떠올리는데, 사실 그 누구도 '나와 그것에서의 나'에 자신이 놓이지 않는다고 장담할 수 없다.

이러저러한 이유에서 모든 사람은 타인을 필요로 한다. 의식을 하든 못하든 우리는 타인을 이용한다. 실상 지금껏 그래왔을 것이다. 중요한 건, 이런 나의 속성을 수면 위로 떠올리는 것이다. 인정하는 것이다. 그래야만 반대로 '누군가가 나를 이용했을 때' 그 즉시 상대를 단죄하지 않고, 제대로 관계의 문제를 풀어갈 수 있다.

● **나의 속성: 나는 타인을 필요로 한다.**

사람 대 사람으로서의 인격적 만남, 상호작용, 나눔이라는 고차원적인

목적은 아니다.

지금의 나는 순전히 그가 가진 '무엇'이 필요해서, 그 이유 때문에 그와

만나려 한다.

그는 확실히 내가 원하는 '무엇'을 가지고 있다.

이제 나는 적극적으로 그를 향해 나아갈 것이다.

이때까지만 해도 실제 사람과의 관계에서 문제가 생기지 않는다. '이용의 문제'는 사람과 사람 사이에서 다음의 중요한 인식을 놓치면서부터 시작된다.

- **인격성의 인식:** (내가 필요해서 이용하려는) 그 타인은 나와 같은 인격을 가진 한 사람이다.

이런 인식은 '있다, 없다' 식으로 단순 명쾌하게 드러나지 않는다. 나는 바로 이 점이 사람 관계가 어렵고 복잡해질 수밖에 없는 가장 큰 이유라고 생각한다. 그래서 자신이나 다른 사람을 볼 때, 이 인식의 수준을 스펙트럼으로 펼쳐놓고 그 정도를 가늠해보라고 하고 싶다. 확실히 그 수준에 따라 사람을 이용하는 강도나 성격, 빈도수가 달라지기 때문이다.

· · ·

어쩌면 우리는 이용하고 이용당하고, 그렇게 사는 건지도 몰라

조금은 어렵고, 조금은 부담스러울지 모를 이야기를 본문에 앞서

하는 데는 이유가 있다.

첫째, 책 전체를 관통하는 주요한 개념, 이를테면 '이용', '착취'라는 표현에 대한 거부감으로 이 책의 중요한 메시지를 왜곡할까 그 점이 우려되어서이다. 사람에게 '이용'이란 말을 갖다 붙이는 순간, 나쁜 이름표가 붙어버린 느낌이다. 이용이 꼭 나쁜 것은 아니다. 지금은 이 명제를 온전히 받아들일 수 없을지 모른다. 하지만 최소한 '어쩌면 그럴 수도 있어.'라는 가능성만이라도 열고 첫 장을 펼쳐주길 바란다.

둘째, "나는 늘 당해왔어. 나는 피해자야."라는 피해의식에 갇혀 있으면 우리는 우리가 바라는 공정한 관계에 영원히 다가갈 수 없다. 사람과의 관계 문제로 고통받고 있다면 어떤 식으로든 상처 입은 경험이 많을 것이다. 그럼에도 불구하고 가능성을 열어야 한다. 내가 늘 피해자가 아닐 수 있다는 점, 나 또한 상대에게 필요한 것을 얻어왔고 그를 이용해왔을지도 모른다는 점, 그 일말의 여지를 열어놓고 관계의 그래프를 다시 그려보길 바란다.

그런 점에서 관계에서 이용의 문제를 다룰 때는 '정도의 문제'로 접근하는 것이 타당해 보인다. 지금까지의 관계를 훼손시키지 않을 수준의 이용인지, 내 자존감에 타격을 입히는 정도인지 아닌지를 판단한 다음 후속 조치를 해나가면 되는 것이다. 그 과정에서 우리는 그 끝점에 서 있는 극단적인 사람들의 존재, 일명 악성 자기

애를 가진 사람도 파악할 수 있다.

이 책에 나오는 사례는 최대한 실재를 바탕으로 한 것인데 종종 정도를 넘어선 것이 아닌가, 싶은 것들도 있다. 독자 여러분이 겪고 있는 상대의 무례함이 이 정도라면 그때는 고민 없이 '자기 보호'를 최우선으로 한 의사결정을 내리길 바란다. 주의할 것은, 이를 위해서라도 먼저 '나의 필요가 무엇인가?'를 명확히 해야 하는데, 여기에 대해서는 여러 장에 걸쳐 책에서 다루고 있으니 부디 그 질문을 가슴에 담고 따라와주길 바란다.

차

례

1부
이제는 너에게
이용당하지 않을 것이다

1장.   그들은 태초부터 관계에는 관심이 없었다

2장. 관계에 속은 것과 배신당한 것은 다르다

3장. 그들은 가까운 순서대로 이용한다

2부
그와 그녀의 분노로부터
나를 지키는 법

이제는
너에게

이용당하지
않을 것이다

1장 ―

그들은 태초부터 관계에는 관심이 없었다

필요할 때만 연락하는
선배가 있어요

'이용'과 '호의'의 차이

• • •

남자친구와 헤어져야만 연락해오는 선배

보연 씨는 요즘 가슴앓이 중이다. 평소에는 소식이 없다가 남자친구와 헤어지거나 기분이 우울할 때만 연락을 해오는 선배 때문이다. 자주 보는 사이면 따져 묻기라도 하겠다. 그런데 기껏해야 1년에 두세 번 만나다 보니 이 연락이라도 안 받으면 관계가 끊어질까봐 섣불리 싫은 소리도 못하고 끙끙 앓고 있다. 그렇게 혼자 속앓이를 하던 보연 씨는 그 선배에게 비슷한 대우를 받았다는 후배를 만났다.

"언니는 착한 거예요, 아니면 미련한 거예요? 저는 그 선배, 몇 번 겪어보고 아닌 것 같아서 잘라냈어요. 그 선배가 언니보고 뭐라고 하는 줄 알아요? LPG래요, LPG."

"LPG? 그게 뭐야? LPG 충전소 같은 거?"

"네. 언니가 자기 이야기를 잘 들어주고(Listen), 자기 생각을 긍정적으로(Positive) 만들어준대요. 그래서 언니 만나고 오면 좋은 날이(Good day) 된대요."

"뭐야 그게? 칭찬 같기도 하고, 아닌 것도 같고."

"칭찬은 무슨 칭찬이에요. 언니를 이용해 먹는 거지. 본인이 일이 술술 풀리거나 행복할 때는 언니를 만날 필요가 없대요. 그 선배 입으로 그렇게 말했어요. 언니가 무슨 선배 심리치료사예요?"

"난 그저 본인의 자존감 보호용이구나. 이런 소리 들으려고 대여섯 시간이나 이야기 들어주고 술값까지 내준 게 아닌데…."

. . .

호의를 주고받은 걸까, 너에게 이용당한 걸까

과연 관계에서 말하는 '이용'이란 무엇일까? 우리는 종종 "오늘도 탈탈 털렸어요."와 같은 얘기들을 한다. 그런데 이런 소리를 입에 달고 살면서도 왜 그렇게 생각하느냐 물으면 명확히 답을 내놓지 못한다. 열이면 열, 이용당했다는 느낌만 받을 뿐 구체적인 상황이나 패턴에 대해 정리한 기억이 없기 때문이다.

"뭔가가 불쾌하긴 한데 이 감정은 뭐지?"

"(지나고 보니) 딱히 이용당했다고 할 수도 없고, 아니라고 할 수도 없고."

우울한 사람을 일으켜 세우는 데는 커다란 심리적 비용이 든다. 한 번 만나고 오면 정신이 쏙 빠질 정도로 힘든 일이 바로 누군가를 위로하는 일이다. '상대의 편의'를 위해 영혼이 털린 경험이 있는가? 한두 번이야 그렇다 해도, 같은 일이 반복되고 또 반복된다면 이 관계는 그렇구나 하고 정리하는 게 맞다.

보연 씨와 같은 일을 겪는 이들이 많다. 문제는 상대에게 이용을 당한 건지, 아니면 자신이 과민반응을 보이는 건지 헷갈린다는 것이다. "어어, 저 사람이 내 지갑을 훔쳐 가네?"처럼 명확하게 범죄(?)임이 눈으로 보이는 일이 아니기 때문이다.

'나 지금 이용당하고 있나?' 마음속에서 이런 문장이 불쑥 솟구쳤다면 일단, 그 의문을 붙잡아라. 사실 여부를 떠나 마음이 불편하다는 게 중요하다. 그 자리에서 상대에게 따지지는 못하더라도 최소한 '이것은 아니다.'라는 인지는 붙드는 것이 좋다.

만약 제때 마주하지 않고, 불편했던 감정을 몰아서 마주하게 되

면 '네가 날 이용한 거였어?'라는 분노가 하늘을 치닫는다. 사람은 사람대로 잃고 감정은 감정대로 소진되며, 이런 것 하나 제때 처리하지 못해서 이 지경에 이르렀다는 식의 죄책감까지 느낄 수 있다.

그런데 이게 참 쉬운 일이 아니다. 개인차가 있겠으나 마음 정리, 주변 정리를 하는 것은 대개 하나의 계절이 소요될 정도로 오랜 시간이 필요한 일이며 때로는 삶이 일시적으로 마비될 정도로 가슴 아픈 사건이기도 하다.

· · ·

감정이 결정을 내리게 하지 마세요

앞선 사례의 보연 씨에게도 해당하는 이야기인데, 만약 이용당한 경험이 있거나 지금 그런 일을 겪는 중이라면 '점화 효과(Priming effect)'와 '의사결정의 타이밍'에 대해 생각해보길 바란다.

이용의 본질을 알기 위해서는 먼저 '이용'이라는 말의 파급력부터 살펴보자. 생각해보면 이용이라는 말만큼 순식간에 우리를 분노에 휩싸이게 만드는 어휘도 없다. 심리용어 중에 점화 효과가 있다. 시간적으로 앞서 제시된 자극이 이후에 제시된 자극 처리에 영향을 미치는 것을 말한다. '지금 나 이용당한 거야?'라는 초기 자극을 받아 거기에 꽂히면, 그 뒤에 상대가 아무리 진심으로 대해도 그의 친절이나 마음이 긍정적으로 받아들여지지 않는다. 오히려 '아직도 내게 이용할 게 남아 있어?'라는 식으로 부정적으로 처리가 된다.

보연 씨도 비슷한 경우다. 후배의 말을 듣고 그녀는 '선배의 감정 쓰레기통으로 이용당한 기분'이 들었을 것이다. 속상한 마음에 그 자리에서 카톡을 차단할 수도 있겠지만 잠시 행동을 멈추고 생각해보았으면 한다. 점화 효과로 인해 선배와의 좋았던 시간마저 퇴색시키는 것은 아닌지 점검을 해보자는 얘기다.

실제 클리닉에서도 "감정이 결정을 내리게 하지 마세요."라는 말로 환자의 숨 고르기를 주문한다. 감정이 솟구칠 때 결단을 내리기보다 '내 딴에는 고심해서 내린 결정이야.'라는 결론이 나올 수 있도록 문제를 해결하는 것이 바람직하다. 이는 감정을 무시해서가 아니다. 감정을 존중하되 내 행동의 결정은 이성이 할 수 있도록 하기 위해서다. 이 또한 자기 자신을 보호하기 위함이다.

그러니 '이용당한 사건'과 함께 '이용당하지 않은 나머지 시간'에 대해서도 떠올려보자. 지금 일어난 사건 말고 그동안 함께한 '관계의 질', 그것의 평균을 내보는 것이다. 의미 있는 시간이 많았다면 상대에게 솔직한 감정을 말하는 선에서 그치고, 좋은 기억이 없더라는 결론에 이르면 그때 가서 어떤 결정을 내리거나 행동을 취해도 늦지 않다.

이제는 너에게 이용당하지 않을 것이다

마음이 불편하다면
당신은 착한 것이 아니다

초자아의 처벌

...

그 친구는 매번 나와의 약속에 늦는다

손해 보는 관계에서 벗어나지 못하는 사람들이 자주 꺼내는 주제
중 하나가 약속 시각이다. 굉장히 사소해 보이지만 약속 시각만큼
두 사람 사이를 분명하게 정의하는 기준도 없다. 왜 그럴까. 바로
종속효과 때문이다. 기다리는 사람은 '가치가 덜한 존재'가 되는 반
면, 늦게 오는 사람은 상대의 시간을 좌지우지할 만큼의 영향력을
쥔 사람이 된다. 만남이 이뤄지기 전부터 둘 사이가 갑을관계로 정
립되는 셈이다. 마치 소개팅이나 어떤 모임에서 스타가 제일 마지

막에 등장하는 것처럼 말이다.

지인 씨는 약속할 때마다 늦는 친구 때문에 힘들다고 토로했다. 지인 씨 친구는 열 번을 만나면 여덟 번은 늦었는데 때로는 20분, 때로는 40분씩 늦곤 했다.

문제는 기다리는 시간보다 그 친구의 태도였다. 지인 씨 친구는 자신이 늦는 것에 대해 전혀 미안해하지 않았다.

다른 사람 같으면 여기서 제동을 걸거나 본인도 30~40분 늦게 나오는 식으로 형평성을 맞추려 들 것이다. 그러나 지인 씨가 내놓은 방책은 딱 약속 시각보다 10분 정도 늦는 것이었다. 혹시라도 친구가 빨리 나올 수 있으니 10분 선에서 스스로 타협을 한 것이다. 하지만 지인 씨가 늘 기다려야 하는 것에는 변함이 없었고, 그런 식으로 둘은 4년을 만났다.

그러다 딱 한 번, 지인 씨가 30분 정도 지각한 일이 있었다. 이때 친구는 "네가 날 기다리게 했으니 오늘은 풀코스로 쏴라."며 지인 씨에게 화를 냈다. 4년 내내 본인이 늦었음에도 커피 한 잔 사지 않던 친구는 마치 자기는 기다려서는 안 되는 사람인 양 지인 씨를 몰아세웠다.

이제는 너에게 이용당하지 않을 것이다

...

다른 사람에게 피해를 주는 순간
나에게 처벌이 가해진다

참기만 하고 친구가 하라는 대로 한 지인 씨는 착한 사람일까? 아니다. 이런 상황이라면 자신이 늦은 것에 대해서는 사과하되, 친구의 태도에 대해서는 화를 내거나 서운한 티를 내는 것이 맞다. 그럼에도 지인 씨는 어떻게 행동했을까? 풀코스로 쏘는 것은 물론, 다시는 늦지 않겠다는 약속까지 하고 자리에서 일어났다. 제삼자가 보기에 "네가 호구냐?" 따져 묻고 싶지만 어쩌겠는가. 이것이 초자아가 강한 사람의 특징이다.

지인 씨의 마인드는 이렇다. '내가 기다리는 것은 괜찮지만 상대가 기다리는 건 싫다. 남에게 피해를 주는 일은 죽기보다 싫다. 차라리 내가 기다리자.' 정신분석에서는 이런 생각을 '타인에게 피해를 주는 순간 초자아의 처벌에 시달린다.'라고 표현한다.

'착한 척', '이해한 척'이 아니라 정말 착해야 마음이 편해진다. 단 여기서 말하는 착함이란 우리가 아는 선악(善惡)에서의 선이 아니다. 양심에 찔리지 않는 범위 내에서 의사결정을 내리고, 남에게 피해를 입히지 않고자 하는 일종의 '자기만의 질서'다. 지인 씨는 친구와의 관계에서 이것을 지키고자 분투했다. 그러나 친구의 이기적인 태도를 더는 견디지 못하고 두 손을 든 것이다.

이쯤에서 분명히 짚고 넘어가자. 지인 씨처럼 심리적 모범생이 있다면, 늘 다른 사람에게 양보하고 먼저 가서 기다리는 것을 미덕으로 삼는 이가 있다면, 가슴에 손을 얹자. 그런 다음 스스로에게 묻자.

'이런 선을 행할 때 마음 한구석이 불편하지 않은가?'

마음 한편이 불편하다면 정말로 착한 게 아니다. 아니 이런 상황에서는 착해서는 안 된다. 이것을 인정해야만 다음 단계로 나아갈 수 있다. 나는 상담 끝에 지인 씨에게 중요한 결론을 한 번 더 일렀다.

"좋은 관계를 만들기 위해서는 나름의 질서와 기준을 정하고 지키는 일도 중요하지요. 하지만 불편한 시그널이 왔을 때 '제때 알아차리는 일'도 그 못지않게 중요합니다."

• • •

당하면서도 당하는 줄을 모른다

"꼭 기다리고 양보를 해야만 좋은 사람일까요?"

"무슨 말씀이세요?"

"내내 참았다가 한 번에 터트리는 것보다 그때그때 자기 감정을 들여다보고, 불편한 게 있으면 표현하는 게 좋지 않을까 해서요. 지인 씨 자신에게 물어보세요. 친구를 기다리는 동안 정말 괜찮았는지, 지인 씨가 세운 '관계의 질서'가 자신에게 어떤 영향을 주는지에 대해서요."

"그거야 좋은 영향을 끼치죠. 상대를 기다리게 하는 사람은 이런 질서에 대해 생각을 아예 안 하잖아요. 자기 생각만 하고."

"물론 그렇죠. 그건 그거대로 따로 정리할 필요가 있어요. 그런데 오늘은 지인 씨에게만 초점을 맞출게요. 40분이나, 그것도 매번 친구를 기다렸을 때 사실 마음이 괜찮지 않아야 정상이거든요. 혹시 불편한 감정이 들었을 때 지인 씨가 이런 마음을 부정하거나 억압하는 건 아닌지 돌이켜봤으면 좋겠어요."

"저도 처음에는 괜찮다고 생각했는데, 지금은 아니에요."

"그 처음이 너무 길다고 생각하진 않으세요? 4년이면 너무 길잖아요. 그리고 이참에 지인 씨가 세운 관계의 질서를 '행복의 관점'에서도 들여다보세요."

"무슨 뜻인지 알겠어요. 제 양심이나 기준에 너무 얽매이지 말라는 거죠?"

"네, 맞아요. 물기 없는 목재처럼 삶이 건조해질 수 있거든요."

물기 없는 목재. 초자아가 강한 사람들의 특징이다. 초자아를 다른 말로는 슈퍼에고라고 한다. 상대에게 착취당하면서도 그 관계를 끊어내지 못하는 사람일수록 초자아가 강하다고 보면 된다. 지인 씨가 바로 여기에 해당한다(지인 중 이기적인 사람이 있으면 '이드가 강한 사람'으로, 또 반대인 사람이 있다면 '초자아가 강한 사람'이라고 생각하자).

"그렇게 당했으면서도 몰라? 그만 맞춰줘, 제발."

초자아가 강한 사람은 아무리 이런 얘기를 해주어도 꿈쩍하지 않는다. 노상 상대에게 이용을 당함에도 분노를 잘 느끼지 못한다. 여기서 분노를 느끼지 못한다는 것은 아예 느끼지 못한다는 뜻이 아니다. 남들이 보기에 분명 10 정도의 레벨로 화를 내야 함에도 2에서 3 정도만 내고, 게다가 자신이 화를 냈다는 사실에 대해 자책감을 느끼는 것을 말한다. 타인에게 내주는 마음의 평수가 넓어서가 아니라 남이 침범해 들어오는 순간에 대해 둔감하기 때문이다. 남이 상당한 자리를 차지하기 전까지는 위협감이나 분노를 잘 느끼지 못하는 것이다.

자신은 어떠한가? 분노를 느끼지 못하는 건 아닌가? 2나 3의 분노를 표출하고도 죄책감을 느끼는 건 아닌가? 본인이 무엇을 느끼는지, 어떤 사람인지 아는 것이 중요하다. 거기에서 모든 변화가 시작되기 때문이다.

더 이상 너의 들러리로
살고 싶지 않아

악성 자기애를 가진 그들

· · ·

네가 뭔데 예뻐지고 난리야?

이기적인 사람들에게는 하나의 공통된 특징이 있다. 그들은 자신이 이기적으로 행동하고 있음을 인식하지 못 한다. 설사 안다고 해도 "다른 사람들도 다 그래."라며 합리화를 한다. 그러니 잘못된 행동을 해도 전혀 죄책감을 느끼지 않는다.

20대 세미 씨는 워낙 이목구비가 예쁘고 자기 관리를 잘해서 인기가 많다. 그런데 성격적으로 큰 결함이 하나 있다. 상황이 자기중심

이제는 너에게 이용당하지 않을 것이다

으로 돌아가지 않으면 히스테리를 부리는 것. 세미 씨는 언제 어디서든 자신이 주인공이어야 하고, 또 제일 먼저 가져야 했다. 옆에 있는 친구가 조금이라도 반짝반짝하거나 탐나는 것을 먼저 가지면 말 그대로 난리가 났다.

"친구가 10킬로그램을 빼서 왔어요. 자기가 뭐라고 살을 빼요? 그래서 제가 어떻게 대꾸한 줄 아세요? 대화 내내 다이어트의 '디귿' 자도 안 꺼냈어요. 일부러 무시한 거죠. 굳이 그 애를 주인공으로 만들 필요는 없으니까요. 예전 상태로 돌아가지 않으면 앞으로 절대 안 만날 거예요."

세미 씨는 마치 친구에게 '응당 먹여야 할 한 방'을 먹인 것처럼 여기고 있었다.

이기심도 '정도의 차이'가 있는데 이 정도면 심각하다. 정신분석에서는 이런 경우를 '악성 자기애'라 부른다. 타인에게 관심이 있는 것처럼 행동하지만 진정한 관심은 두지 않으며, 자신의 이익에 반하거나 자존심에 금이라도 가면 관계를 강제 종료시킨다. 말 그대로 관계의 처음, 중간, 마지막이 자기중심이다.

이제껏 너를 친구라고 생각했는데

···

말도 안 돼, 내가 남을 이용했다고요?

"어떻게 사람이 남 생각은 눈곱만큼도 안 할 수가 있어요?"

흔히 이런 유형을 보면 사람들은 도저히 이해할 수 없다는 반응을 보인다. 그런데 악성 자기애를 가진 이들에게 "왜 타인을 배려하지 않고 이용만 하느냐?" 하고 물으면 그들의 대답은 뜻밖이다.

"제가요? 남을 이용했다고요? 전 그런 적 없는데요."

그들의 관점에서는 이 말도 맞다. 왜냐하면 애초부터 타인이나 관계에는 관심이 없기 때문이다. 무슨 말일까? 악성 자기애를 가진 사람은 필요한 것을 주는 대상에게만 관심을 둔다. 자기 욕구에만 관심이 있는 사람에게는 '왜 상대를 이용했느냐?'는 질문 자체가 우문이다.

세미 씨만 해도 그렇다. 자신을 주인공으로 만들어줄 들러리가 필요했는데, 어느 날 들러리가 주인공이 되어 컴백했다. 그녀는 자존심에 금이 가자 친구와의 관계를 정리했으며, 이것이 잘못됐다는 생각 자체를 하지 못한다. 그저 자기 필요(주인공 역할)를 좇다가 가짜이긴 하지만 관계가 만들어졌고, 그 관계가 자신의 이해와 같지 않게 되자 '피해자'가 생긴 것뿐이다. 이게 바로 "제가 의도한 게 아니었어요.", "전 그런 적 없어요."라는 말의 배경이다. 다른 사람이 아예 존재하지 않는데 어떻게 남을 이용했다는 논리가 성립하겠는가. 그냥 처음부터 끝까지 자기 자신만 존재하는 것이다.

만약 이런 사람과 관계를 맺다가 상처를 받았다면 이것을 확실한 '시그널'로 생각하고 미련 없이 돌아서라. 애당초 '당신'이라는 대상보다 당신의 '무언가'에만 관심이 있던 사람이다. 당신이 돌아선다고 해서 그 사람 인생이 어떻게 되지 않는다. 장담하건대 당신을 대체할 누군가가 그 자리를 메울 것이다.

"세상의 주인공은 나야 나."라는 노래 가사처럼 누구나 주인공이 되고 싶어한다. 이것은 본능이다. 그러나 그 과정에서 희생자가 생겨서는 안 된다. 실존주의 철학자 사르트르는 희곡 「닫힌 방」에서 "타인은 지옥이다."라는 말을 남겼다. 왜 타인이 지옥인가에 대해서는 의견이 분분하겠으나 나는 '타인 역시 나와 같은 것을 욕망하기 때문'이라고 해석하고 싶다.

내가 주인공이고 싶어하는 주체이듯, 상대 또한 나의 들러리가 되고 싶어하는 주체가 아니다. 또한 내가 먼저 소망을 이루고 싶어하듯, 상대 역시 나보다 늦게 소망을 이루고 싶지 않을 것이다. 나의 소망이나 욕구만큼 누군가의 소망도 존중해야 '건강한 관계'가 만들어진다.

자신을 사랑하는 것과
자기중심적인 것은 다르다

욕구가 자아에 앞설 때

· · ·

내로남불과 내불남로가 같다고?

'내로남불'이란 말이 있다. '내가 하면 로맨스, 남이 하면 불륜'이란 뜻으로, 반대 경우에는 '내불남로'라고 할 수 있다. 그런데 재미있는 것이 심리학적 관점에서 보면 내로남불이나 내불남로는 다르지 않다는 사실이다. 정반대로 보이겠지만 둘 다 자기 욕구를 제대로 처리하지 못한다는 점에서 같다.

　이 둘은 서로 통한다. 자아가 건강하지 못하면 극단적으로 자기 중심적인 사람이 되거나 극단적으로 타인중심적인 사람이 될 수 있다. 전혀 다른 체제에서 살고 있으나 끝점에 있다는 점에서는 같다.

"자기중심적인 사람은 자기 욕구가 먼저잖아요. 그런데 어떻게 이런 사람과 타인의 욕구를 살피는 사람이 같을 수 있죠?"

이런 궁금증이 생길 것이다. 자신에게는 관대하고 타인에게는 엄격한 자기중심적인 사람은 '자신을 사랑하는 것이 무엇인지' 모르는 경우가 많다. 자신을 아끼는 것과 자기중심적인 것이 구별되지 않는 것이다. 다음 재희 씨 사례를 한 번 보자.

재희 씨는 형제가 셋인 집의 첫째로 자랐다. 자식이 셋 있는 한국의 가정이 으레 그렇듯 형제간에 먹을 것, 입을 것 다툼이 잦았다. 재희 씨는 첫째라는 이유로 양보와 배려를 일정 부분 강요당하며 자랐다. 서른이 넘어 독립된 가정을 꾸리고 살림 또한 넉넉해졌지만 재희 씨는 다음과 같은 생각을 떨칠 수가 없었다.

"그래, 나는 이 나이가 될 때까지 나보다 남을 우선으로 살아왔어. 이제라도 당당하게 나를 챙겨야겠어. 내가 최우선이야."

어느 순간부터 재희 씨는 욕심을 숨기지 않게 됐다. 직장 동료가 출장 선물로 다 함께 먹을 과자를 사 오면 한 뭉치를 쓸어 담아 자신의 서랍에 넣었다. 회식 자리에서는 테이블 가운데에 놓인 요리를 자신의 접시에 산더미처럼 옮겨놓고 나서야 따로 주문한 음식을 먹었다.

처음엔 "재희 씨 식탐이 굉장한데?" 하며 웃던 동료들도 눈살을 찌푸리게 됐다. "과자를 왜 쓸어가요?" "다 같이 먹을 요리는 좀 나눠 먹읍시다." 먹을 거로 치사하게 구는 건가 싶어 차마 이런 말을 할 수 없던 동료들은 재희 씨의 행동을 불만스럽게 지켜볼 뿐이었다.

• • •

양보와 배려를 포기하니 가벼워졌어요

자기밖에 모른다는 평을 듣는 사람들과 얘기를 나눠보면 재희 씨처럼 양보를 강요받아온 비포(Before)를 가진 경우가 많다. "살아보니 가만히 있으면 안 되겠다. 지금부터라도 내 몫은 내가 챙기겠다."라며 갑작스럽게 달라진 애프터(After)를 가진 이들. 처음부터 온전히 자신의 것을 챙기며 살아온 사람들과 달리, 재희 씨 같은 이들은 누구나 눈살을 찌푸릴 만큼 과하게 행동한다. 과자를 쓸어가는 유아기적 행동을 보이는 것처럼 말이다.

한 가지 흥미로운 것은 재희 씨 스스로 자신의 행동이 누군가의 눈살을 찌푸리게 한다는 것을 안다는 점이다. 그래서 물었다.

"알면서도 왜 그런 행동을 계속하는 건가요?"

"안 그러면 아무도 안 챙겨주니까요. 제가 밥 먹는 속도가 좀 느린

편이에요. 어릴 때 제 앞에 놓인 음식은 다 먹고 싶었는데, 그때마다 부모님이 '네가 맏이라서 동생들 주려고 남긴 거구나.'라며 음식을 가져갔어요. 성인이 된 지금까지 그렇게 살고 싶지는 않아요."

"그럼 재희 씨는 과거와 현재 중 언제가 더 행복하세요?"

"음… 좋은 평판? 관계? 이런 점에서는 예전이 좋았겠죠. 양보만 했으니까. 근데 전 지금이 더 좋아요. 처음에만 어렵지 배려나 양보 이런 거 놓아버리니까 편하더라고요. 예전으로는 못 돌아갈 것 같아요."

"그럼 재희 씨는 관계보다 본인의 욕구가 더 중요한 거네요."

"네. 둘 다 가질 수 없다면요."

재희 씨의 의지가 확고해 보였다. 그런 모습을 보면서 '배려의 중량을 측정하는 방법'에 대해 생각해보았다. 배려의 무게를 재는 가장 좋은 방법은 재희 씨처럼 내려놓는 것이다. 공감, 배려, 양보와 같은 '선(善)'을 내려놓음으로써 편해지는 정도, 딱 그 정도가 배려의 무게다. 생각해보라. 줄곧 타인 위주로만 살아온 사람이 자기 욕구만 온전히 바라보게 되었을 때의 가벼움을. 이것이 마냥 착했던 사람이 어떤 계기로 변했을 때 이전으로 돌아가지 못하는 이유다. 지금 느끼는 가벼움이 다시 불편해지고 무거워지기 전까지는 재희 씨에게 배려는 들어설 자리가 없다.

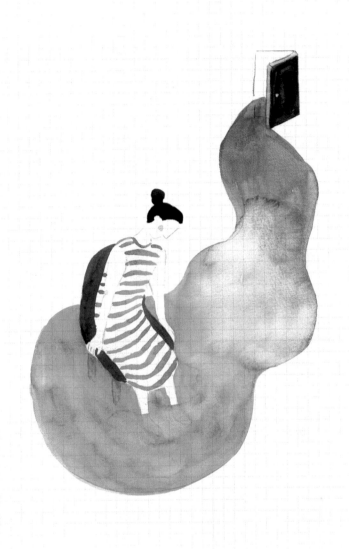

내 것을 가져왔음에도 행복하지 않다

태초부터 이기적인 사람이나 재희 씨처럼 중간에 의식적으로 전향(?)한 사람 모두 '가져간 만큼 행복하지 않다.'는 점에서는 같다. 자기중심적인 것에는 실제로 자신을 돌보는 자기가 없기 때문이다. 그저 욕구만 있을 뿐이다. 악착같이 챙겼으면 욕구라도 채워져야 하는데, 욕심이란 게 한도 끝도 없으니 그것이 문제다. 결과적으로 욕구는 욕구대로 늘 불만족 상태고, 평판도 나빠져서 자기 관리에도 빨간 불이 켜진다.

이쯤에서 현실적으로 중요한 질문을 던질까 한다. 과연 재희 씨처럼 행동하는 것이 현명한 방법일까, 하는 질문이다. 그녀가 과자를 쓸어 담는 공간은 과자보다 더 큰 것을 잃고 얻을 수 있는 회사라는 '공적 공간'이다. 이런 공간에서는 자신이 한 행동이 평판에 미칠 영향에 대한 고려가 수반되어야 한다. 그래서 그녀에게 물었다.

"재희 씨의 욕심을 채우고 위로하는 것이 먼저인가요? 평판을 관리하는 것이 먼저인가요?"

이것은 우선순위와 영향력에 대해 묻는 질문이다. 묻는 이유는 간단하다. 개인의 욕구와 현실은 조화를 이뤄야 하는데 이게 말처럼 쉽지가 않다. 이럴 때는 우선순위를 매기는 방법만 한 게 없다.

즉 재희 씨 스스로 '어떤 것이 영향력이 더 큰지'를 생각하게 한 후 우선순위를 정하게 하는 것이다. 그런 다음 순위에 맞는 행동을 '먼저' 옮기게 함으로써 상황이 나아지도록 하는 것, 이것이 내 치료 목표였다.

"선생님 말씀은 알겠는데요. 그럼 저는 또 참아야 하잖아요. 예전처럼요."

"만약 재희 씨 몫까지 다른 사람이 가져가면 그건 의사표시를 해야 해요. 불이익이나 공격으로부터 자신을 보호해야 하니까요. 다만 욕구 만족을 지연시켜야 하는 경우라면 그렇게 할 수 있어야 한다는 걸 이야기하는 거예요."

"알아요. 회사에서는 제 욕구보다 평판이 더 중요하다는 걸요."

"굳이 평판을 깎아먹는 행동을 할 필요는 없어요. 물론 욕구 실현이 평판보다 무가치하다는 뜻은 아니지만요."

"네. 잘 알아요."

"재희 씨가 계속해서 그런 행동을 한다면 결국 재희 씨만 불리해지지 않을까요? 만약 어떻게 해야 할지 상황마다 헷갈린다면 '공과 사'를 떠올리세요."

"공과 사요?"

"개인 욕심은 사적인 공간에서 풀고, 직장에서는 관계성이나 평판

이제는 너에게 이용당하지 않을 것이다

위주의 의사결정을 하겠다는 다짐이에요."

"음, 힘들겠지만 해보겠습니다."

나는 재희 씨에게 단순히 공과 사를 구분할 것을 요구한 것이 아니다. 건강한 자아를 가질 것을 주문한 것이다. 건강한 자아는 현실과 떨어져 있지 않다. 건강한 자아는 변화하는 현실을 파악하고 받아들인다. 자신과 현실 사이에서 주고받는 영향력을 무시하지 않는다. 남의 이목, 평판을 신경 쓰느라 자신을 돌보지 않는 것도 문제지만, 직장 생활을 하면서 남이 어떻게 생각하든 신경쓰지 않는 것도 이상한 일이다.

무엇보다 그녀가 타인과의 관계성을 놓치고 있음이 가장 안타까웠다. 자신이 어디에, 누구와, 왜 있는지도 모른 채 있다는 건 굉장히 위험하다. 현실은 판타지를 실현하는 무대가 아닐 뿐더러 그렇게 하도록 내버려두지도 않기 때문이다.

더불어 타협점을 찾으려는 노력은 현실에 굴복하는 것이 아닌, 자신을 보호하기 위해 스스로 선택한 행위임을 인지하는 것이 중요하다. 그래야 자신이 선택한 소중한 직장을 유아기적 욕구 해소의 장으로 만들지 않을 수 있으니까 말이다.

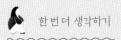
'나'는 없고
'욕구'만 남았다

자기 욕구에만 매몰되는 본능, 즉 이드가 판치는 상태. 그 욕구를 잘 이해하고 이를 긍정적인 방향으로 해소하기 위해서는 건강한 자아가 필요하다.

그런데 보통 이런 일을 겪는 유형은 자아가 빈곤하다. 빈곤한 자아가 제대로 된 역할을 하지 못하는 건 당연한 일. 욕구가 마음대로 떠다니는 것을 어찌할 방법이 없다. 부풀어 오른 풍선의 끈을 쥐고 있는 손이 작고 힘이 없다고 하면 이해가 빠를 것이다. 힘이 있는 자아만이 자기 욕구를 수용할 수 있으며, 이런 사람만이 타인을 헤아릴 수 있다. 만약 끈을 잡는 손이 없다면 어떻겠는가? 풍선을 다루는 방법이라고는 터뜨리는 것밖에 없다. 늘 남에게 양보하고, 거절을 못해서 속만 끓이는 사람 역시 '건강하지 못한 자아'를 갖고 있기는 매한가지인 것이다.

이제는 너에게 이용당하지 않을 것이다

여기서 한 가지 착각해서는 안 되는 게 있다. 관계에서 자신의 욕구보다 질서나 조화를 좇는 사람, 즉 초자아가 강한 사람이라고 해서 자신의 욕구가 없는 게 아니다. 초자아가 종횡무진하는 동안 이드는 구석에 처박혀 힘을 쓰지 못하는 것뿐이다. 본능적인 이기심, 즉 이드로 중무장한 친구를 상대할 때마저 그녀의 모범생적인 초자아가 전면에 나선다. 이것이 착취를 당하는 사람이 '대상'이 달라져도 계속해서 착취를 당하는 배경이다.

계속해서 남을 이용하려는 이드, 이용을 당하면서도 여기에서 벗어나지 못하는 초자아. 이 둘을 조율하기 위해 자아가 나선다. 이드와 초자아로 인해 문제가 발생했을 때 자아가 중간에 나서서 이 둘을 조절하는 기능을 한다. 아, 조절이라는 단어는 통제를 떠올리기 쉬우니 조율이라는 말을 쓰는 게 좋겠다. 관계에서 심각한 문제가 생기면 자아는 정신이 없어지고 급해진다. 이때 자아가 얼마나 강건하고 지혜로우냐에 따라 조율의 결과가 달라진다.

이드, 초자아, 자아라는 용어가 나와서 어렵게 느껴지고 헷갈릴 수 있는데 다시 한 번 정리해보자. 이드, 초자아(슈퍼에고), 자아(에고), 이 셋으로 이뤄진 것이 '나'라는 존재다. 우리가 심리서를 읽고 자신을 되돌아보는 것은 당면한 문제를 해결하기 위해서이기도 하지만, 궁극적으로는 자아를 중심으로 '하나 됨', '통합된 나'를 이루어가기 위함이다.

또 초자아의 이슈인 '나는 왜 바보같이 당하기만 할까?'와 이드의 이슈인 '왜 사람들은 나처럼 이기적으로 살지 않을까?'는 결국 자아가 중심을 잡지 못하고 있다는 시그널이다. 그러니 이 책을 통해 자신이 어떤 시그널을 받고 있는지 알아차리고, 자신이 서 있는 반대편으로 진일보하는 지혜와 용기를 내길 바란다.

나는 너의 2시간짜리
영화가 아니다

헷갈리지 마세요, 호구의 정의

· · ·

본인만 모르고 모두가 안다

'호구'는 범의 아가리란 뜻으로 어수룩하여 이용하기 좋은 사람을
비유적으로 이르는 말이다. 호구는 본래 범의 아가리처럼 위험하
다는 뜻인데, 사람에게 쓸 때는 범같이 위험한 사람이 아닌, 반대로
그 아가리에 머리를 집어넣는 사람을 지칭한다는 점이 재미있다(어
쩌면 호랑이 입에 자기 머리를 언제나 들이밀 수 있는 사람은 실제 호랑이보
다 더 위험천만한 존재일지 모른다. 그러니 호구 만났다고 너무 좋아하지 말
자. 호구의 달콤함에 빠진 당신이 진짜 호구일 수도 있다).

호구는 다른 사람을 비아냥댈 때, 자신을 자책할 때, 물건을 제 값에 사지 않았을 때 흔하게 쓰는 단어지만 이 안에 든 의미는 결코 가볍지 않다. 우리 일상을 둘러싼 관계성에 문제가 생겼다는 뜻이 기 때문이다.

남자친구와 헤어져야만 연락을 해오는 선배 때문에 힘들어하던 보연 씨 경우처럼 상대와의 관계에 의문을 품게 되는 경우는 얼마 든지 있다. 상대의 의중이 호의인지, 이기심인지 헷갈린다면 다음 을 읽어보길 바란다.

상대가 나 외의 다른 사람에게 보이는 매너와 나를 대하는 태도에 확 연한 차이가 있을 때

여기서 말하는 확연한 차이란 뭘까. 편한 관계라서 다르게 대하 는 정도가 아니라 상식선 이하로 대하는 것을 말한다. 다른 사람에 게는 온종일 시간을 내어주면서 내게는 잠시 비는 시간이나 약속 이 취소됐을 때만 시간을 내준다면 그렇다, 이건 이용당하고 있는 것이다.

상대가 시간을 내주는 것을 아까워한다면 굳이 그 인연에 매달 리지 마라. 오히려 "나는 너의 2시간짜리 영화가 아니다."라고 말하 며 단호하게 일어설 수 있어야 한다.

이제는 너에게 이용당하지 않을 것이다

특정한 누군가를 만나고 온 뒤 '내가 호구인가?'라는 생각이 반복해서
들 때

이런 경우 열의 아홉은 '맞다'가 된다. 처음에는 괜한 피해의식
인가 생각할 수 있다. 그러나 이런 생각이 여러 번, 심지어 수년간
지속된다면 관계의 상호성이 깨진 것이다. 호구라는 단어가 수면
위로 떠올랐다면, 그것은 관계가 상호에서 일방으로 바뀌었다는 신
호다. 이렇게 되면 한쪽은 '무한한 혜택'을 보는 반면 상대는 그로
인해 궁지에 몰리게 된다.

주변 사람들로부터 "그렇게 털리고도 정신 못 차려?"라는 핀잔을 들
을 때

제삼자가 보기에도 "너 그 사람에게 이용당한 거야."라는 상황
이 연출되는가? 이런 경우 대부분은 자신의 무엇이 털렸는지, 즉 빼
앗긴 달란트가 무엇인지가 명확하다. 시간, 돈, 인맥, 정보, 약한 마
음, 공감이나 경청과 같은 것들 말이다.

한두 번은 괜찮지만, 만날 때마다 같은 상황이 반복된다면 강경
하게 대처하는 것 외에는 길이 없다. 한 번 맛을 본 쪽에서 배려한
답시고 알아서 물러설 일은 없기 때문이다.

그런데 상대가 직장 상사나 동료인 경우는 쉽지가 않다. 이럴 때는 강하게 나서기보다는 당신도 상사나 동료에게 '받을 것'을 제시해 균형을 맞추는 것이 좋다. 꼭 당장 받지 못해도 상관없다. 가까운 미래나 먼 훗날, 받을 것이 분명 있을 것이다. 여기에 초점을 맞추면, 괜한 피해의식이나 감정의 불순물에 얽매이지 않고 자기관리를 해나갈 수 있다.

. . .

그들은 사람을 사람으로 보지 않는다

이 책 첫머리에서 언급한 마르틴 부버의 '나와 너', '나와 그것'의 이야기를 좀더 해볼까 한다. 그가 나눈 두 종류 관계 중 '너'는 진정한 의미의 벗, 지기, 동료를 뜻한다. 반면 '그것'은 자기 필요나 요구이다. 나는 상대에게 마음을 나누는 진정한 관계를 기대하는데 상대는 그저 '무언가가 필요해!' 식의 '그것'만을 원하는 상태에 놓여 있다면 두 사람은 결코 친해질 수 없다.

더 적나라하게 말하자면, 오직 그것만을 원하는 상대는 아무하고도 친해질 수 없다. 차라리 "나에게 필요한 게 있으니 그것만 달라."고 요구했으면 상대는 마음이라도 다치지 않는다. 그런데 애석하게도 이런 사람들은 타인이 가지고 있는 '무엇'뿐만 아니라 사람 자체도 '그것'으로 본다. 그 탓에 근사하게 관계를 포장한 뒤 자신의 필요가 끝나면 계절처럼 사라진다. 그래서 남겨진 사람은 허망함에 싸이고 친밀함에 대한 갈증 때문에 만신창이가 된다.

만약 앞에서 언급한 사항 중 2개 이상이 내 이야기 같다고 느껴지는가? 그렇다면 당신은 대한민국 전체는 아니어도 적어도 '특정한 누군가의 호구로서' 제 역할을 충실히 하고 있다고 봐도 무방하다.

이 문제는 단순히 '누군가 나를 쉽게 여기네.'에서 그치지 않는다. 당신을 만만하게 여기는 마음은 흐르고 흘러 당신을 자기 뜻대로 흔들려는 심보에까지 다다른다.

"다른 사람은 괜찮지만 (만만한) 너만큼은 내 뜻대로 해야 해!"

만약 당신이 자신의 뜻대로 움직이지 않거나 다른 주장을 펼치면 굉장한 분노로 제압하려는 '정서적 폭력'을 행사한다.

상황이 이렇게까지 커지는 데는 만만한 사람을 제 뜻대로 휘두르려는 주체에게도 문제가 있지만, 상대가 괴물이 되기까지 방관자 역할을 해온 자신 역시 공범이기는 마찬가지다. 가슴 아프겠지만 그것이 사실이다.

여기서 한 번 더, 사람과 사람 사이의 관계가 무엇인지 생각해 보게 된다. 우리는 주기 위해 태어난 신이 아니다. 또한 관계는 순수하고 아름답기만 하다는 환상에서 벗어나야 한다. 받을 것 받고 줄 것 주는 관계가 더 오래가며 편한 사이로 나아갈 수 있음을 인정해야 한다. 당신이 어떤 식으로든 새로운 관계를 꿈꾼다면 그것은 바로 그런 인식에서 시작돼야 하지 않을까.

나는 너에게 너일까,
그것일까?

관계의 성격을 알아차리는 연습

. . .

그는 원하는 것을 얻은 뒤 연락을 끊었다

'나와 너의 관계', '나와 그것의 관계'는 착취-피착취 관계를 이해하는 데 있어 없어서는 안 될 핵심이다. 달리 표현하면 '나와 너의 관계'란 교감을 이루고 상호성이 전제된 사이를, '나와 그것의 관계'는 자기 욕구만 채우면 되는 일방적인 관계를 의미한다. 다음 수아 씨의 경우는 어떨까.

수아 씨는 독서 클럽의 운영자 중 한 사람이다. 한 달에 책 한 권을

이제껏 너를 친구라고 생각했는데

읽는 모임인데 5년 정도 지나니 꽤 입소문이 나 멤버 수가 늘었다. 그러자 문제가 불거졌다. 기존 멤버들이 지인들을 끌어들이면서 독서 모임이 사교성 모임으로 변질되기 시작한 거다. 고심 끝에 수아 씨와 운영자들은 공식적인 절차를 거쳐 신입 멤버를 영입하는 것으로 가입 규정을 바꾸었다.

그런데 이때 수아 씨와 일면식만 있던 선배에게서 연락이 왔다. 자신도 독서 모임에 가입하고 싶다는 것이다. 수아 씨는 규정을 언급하며 완곡히 거절했지만 선배는 두 달가량 수아 씨에게 정성을 쏟아부었다. 개인적으로 만나보니 이야기도 잘 통하고 수아 씨가 원하는 곳에 데려가 기분을 풀어주는 등 서로 기호가 잘 맞는 듯했다. 특히 독서 모임에 대한 선배의 진심이 수아 씨 마음을 흔들었다. 그녀는 운영자들과 논의해 선배의 가입 신청을 받아들였다.

그런데 하루에 몇 번씩 연락을 해오던 선배에게서 연락이 뜸해지기 시작했다. 카톡을 보내도 한참 뒤에 답이 오고, 수아 씨가 한 번 보자고 해도 바쁘다며 만남을 피했다. 뭔가 이상하다 싶던 차에 수아 씨는 독서 모임의 한 멤버에게서 선배에 대한 이야기를 들었다. 선배는 독서 모임에 가입하고 나서 얼마 뒤 꽤 괜찮다고 알려진 '이너 서클'에 들어가고자 고군분투했고 결국 본인 뜻을 이뤘다는 것이다. 처음 듣는 얘기였다. 수아 씨가 운영자이긴 하지만 회원들이 사적으로 만나거나 따로 그룹을 만드는 것까지는 알 수 없던 터였다.

이제는 너에게 이용당하지 않을 것이다

알고 보니 선배는 독서 클럽에 가입한 후 회원들 사이에서 선망의 대상인 이너서클의 존재를 알게 됐고, 거기에 들어가자 그들과 따로 '커뮤니티'를 가지면서 수아 씨와는 무 자르듯 연락을 끊은 것이었다. 철저히 자기 필요에 따라 에너지를 쓰는 사람이었다.

· · ·

관계의 성격을 알아차리는 연습

"마음 맞는 언니가 생겨서 좋았는데 저만 그랬나 봐요. 더 괜찮은 대상이 나타나니 전 바로 버려지네요."

수아 씨는 선배의 달라진 태도에 망연자실해했다. 이 두 사람의 관계는 명확했다. 수아 씨에게 있어 선배와의 관계는 '나와 너'의 관계였으나 선배에게는 '나와 그것'의 관계였던 것. 나는 선배의 행동에 큰 의미를 부여하지 말라고 조언했다.

"세상에는 순수한 관계만 있는 게 아닙니다. 수아 씨에게도 그 선배처럼 '나와 그것'의 관계가 분명 있을 거예요."

사람들에게 이 두 가지 관계에 대해 얘기하면 보통은 '나와 그것'의 관계를 거부하는 반응을 보인다. 그런데 문제는 그 둘을 구분하는 게 쉽지 않다는 점이다. 그래서 교묘하게 닮은 이 둘을 구분하

이제껏 너를 친구라고 생각했는데

는 안목이 중요하다.

처음부터 확실히 이해관계로 보이면 내 '감정'이 소모되지 않으니 뒤끝이 없다. 하지만 현실에서는 수아 씨의 경우처럼 상대방이 눈속임을 쓰거나, 아니면 처음에는 '나와 너'의 관계였다가 나중에 '나와 그것'의 관계로 변질되는 경우가 더 많다. 그래서 이 둘을 구분하는 안목이 필요하다고 말하는 것이다. 어디로 끌려가는지 알면 억울하지나 않지, 자기는 진정한 관계라 믿고 열과 성을 다했는데 '너는 아니었구나.'가 되면 상대에 대한 원망을 넘어서서 그것을 알아차리지 못한 스스로에 대한 자책을 피할 길이 없다.

한 번 찬찬히 생각해보길 권한다. 인간관계를 둘러보았을 때 나와 너의 관계, 나와 그것의 관계 비율이 얼마나 되는지를. 또 자신을 고민에 빠뜨린 사람이 있다면 속앓이만 하지 말고 냉정하게 그려보자. 그 사람은 나와 어떤 관계를 맺으려 하는지, 즉 관계의 성격이 무엇인지를.

이런 것도 연습하면 된다. 관계의 성격이 무엇인지를 생각해보고 자꾸 연습해나가면 통찰력이 생기는데 이는 자신을 지켜내는 데 유용한 수단이 된다. 만약 자신은 교감과 상호성을 기대했는데 상대는 자기 필요만 원한다면? 그때는 점검의 시간을 가지자.

'상대가 나를 필요로 하는 만큼, 나 역시 상대가 필요한가?'

이렇게 자문해보는 시간 말이다. 현대인이라면 '나와 너의 관계'

못지않게 '나와 그것의 관계'도 중요하다. 모든 이들과 진심을 나누거나 순수한 관계로만 남는 데도 한계가 있는 만큼 선배가 '그것'으로 그녀를 대했듯 수아 씨 역시 선배를 '그것'으로 대할 수 있는지 살펴보는 것이 중요하다. 그럴 수 있다라고 한다면 '상호 호혜적 관계'로 남기면 된다. 이것도 아니라면 스쳐 지나가게 내버려두면 되는 일이다. 지향하는 바가 다른데 굳이 맞춰줄 필요는 없다. 인생은 좋은 사람을 붙잡지 못하는 것보다 보내야 할 사람을 '제때' 보내지 못할 때 더 크게 훼손되는 법이다.

이제껏 너를 친구라고 생각했는데

2장

관계에 속은 것과 배신당한 것은 다르다

돈 가는 데 마음 가고,
마음 가는 데 돈이 간다

비용의 한계치

· · ·

우리의 우정 값은 얼마일까

주말에 카페에서 지인을 기다린 적이 있다. 그때 20대 여성 두 명이 우정 반지를 샀는지 탁자 위에 상자를 풀어놓고 대화를 나누고 있었다. 워낙 큰 목소리로 얘기하는 탓에 내용이 고스란히 들렸다.

"이 반지 예전부터 갖고 싶었어. 너랑 우정 반지로 맞춰서 너무 좋아."

"예쁘긴 한데, 다음부터는 이런 거 하지 말자."

"계집애. 자기도 좋으면서. 나 곧 생일인데 이 반지랑 어울리는 귀
걸이 선물로 받고 싶어."

"헉, 그건 너무 비싼데…."

"너 중학교 동창한테는 더 큰 거 사줬잖아. 내가 걔보다 못하니?"

"그건 아니지."

"너는 왜 나한테는 돈을 안 쓰는 건데? 서운하다, 정말."

"…."

대화를 듣는 내내 이것이 세대 차이인 건지, 아니면 요즘 친구
들이 솔직한 건지 헷갈렸다. 하지만 '관계에서 돈이 차지하는 비중'
이 커진 것만은 분명하다. 대놓고 상대에게 돈을 써야 하는 이벤트
가 아니어도 돈이 관계에 미치는 영향은 꽤 노골적이다.

관계가 꼬였을 때 상대의 기분을 풀기 위해서는 말 그대로 비
용이 든다. 아니 처음부터 돈을 많이 쓰기도 한다. 그렇다면 이렇게
비용을 들여가면서까지 상대의 기분을 맞추려는 이유가 무엇일까?

이것은 관계를 유지하기 위한 비용이자 내 마음을 편하게 해주
는 비용이다. 그래서 때에 따라서는 아깝지가 않다. '돈이 중요하냐,
마음이 중요하냐?'는 이제 구시대적 질문이다. 인정하자. 돈이 가는
곳에 마음도 따라간다. 물론 마음이 가는 곳에 돈이 따라가기도 한
다. 그것은 보통 생각하듯 돈이 마음보다 중요해서가 아니다. 돈 역

시 마음을 표현하는 통로이자 중요한 도구이기 때문이다.

• • •

다른 사람을 위해 돈을 쓸 때도
자기 보호가 필요하다

돈은 경제적 여력이 부족할수록 관계에 지대한 영향을 미친다. 그래서 관계를 위해 돈을 쓸 때는 '절대 수치'가 아니라 내게 그 '돈이 차지하는 가치'를 따져야 한다. 화폐 가치도 시대에 따라 다르듯, 지금 이 순간 나에게 얼마의 값어치를 하느냐가 더 중요하다. 예를 들어 우정 반지 하나가 5만 원이라고 해보자. 지금 사정이 여유로운 친구에게는 5만 원일지 모르나, 주머니가 빈곤한 나에게는 20만 원의 가치일 수 있는 것이다.

사람은 자신만의 화폐 단위가 있다. 자신만의 환율로 셈해서 '소비의 적정도'를 가늠하고, 이것을 기준으로 소비 가치를 매기는 것이 맞다. 그래야 그 소비로 인해 일상생활이 불편해지는 상황을 만들지 않는다. 괜히 좋은 의미로 맞춘 반지가 '화를 자초하는 씨앗'이 되어서는 안 되지 않겠는가.

한 가지 더. 만약 거절을 잘하지 못하거나 분위기에 휘말려 써버리고 후회하는 성격이라면 처음부터 비용 한계치를 '절대값'으로 정해놓자. "5만 원 이상은 안 돼.", "10만 원 이상이면 생각해봐야 해."처럼 사전에 마지노선을 공지하는 방법이다. 그렇게 해놓으면 대부분은 상대 역시 적정선에서 합의를 보려 한다.

간혹 "치사하게 나한테 이 정도도 못 쓰니?"라며 상대를 궁지로 모는 사람도 있는데, 이때도 할 말 못하고 꿍하니 돌아오지 말고 "나에게 이 돈은 이 정도 의미가 있어."라고 당당하게 맞받아치고 돌아와야 한다.

그렇게 했음에도 상대가 화를 내거나 당신의 기준을 존중해주지 않는다면 그 사람과는 돈 문제로 얽히는 일을 만들지 마라. 가령 지금까지 돈을 모아서 누군가의 선물을 사거나 축의금을 내왔다면 이후에는 각자 따로 하는 식으로 바꾸는 것이다. 이 정도 행동을 취한다고 해서 둘 사이가 껄끄러워지지는 않는다. 오히려 상대방의 페이스에 끌려다니느라 속앓이만 하는 것이 둘 사이를 깨뜨리는 망치가 될 수 있다. 관계를 보호하기 위해서라도 자신과 방향성이 다른 대상과는 '돈 문제와 거리를 두는 편'이 훨씬 이롭다.

경조사비 문제는
신도 해결하지 못한다

돈은 관계의 바로미터

. . .

가까울수록 돈을 쓰는 기준은 명확해야 한다

많은 내담자들이 직장과 일상에서 겪는 돈 문제로 가슴앓이 하는 것을 본다. 그래서 이참에 돈에 대한 나의 철학 두 가지를 소개하겠다.

첫째, 생계유지는 도덕보다 중요하다. 먹고사는 문제를 제대로 해결해주지 않으면서 무조건 회사에 충성을 바치라고 한다면, 그런 회사는 과감하게 때려치우라고 말하고 싶다. 그만큼 생계는 다른 모든 조건에 앞선다.

간혹 도리, 의무라는 이름을 붙여 강요하거나 죄의식, 죄책감 등

이제껏 너를 친구라고 생각했는데

을 조장해 괴롭히는 경우가 있다. 그것은 허울뿐인 도덕이며 상대의 마음을 약하게 만들어 교묘하게 착취하는 도구다. 진짜 도덕은 오히려 당신의 생계를 걱정하고 챙겨주려 할 것이다.

둘째, 나와 가까운 순서대로 돈에 대해 '구체적인 지침'을 만드는 것이 좋다. 사실 돈 문제는 친구, 연인은 물론 가족 간에도 터놓고 이야기하기 껄끄러운 주제다. 그래서 그런 고민을 접할 때마다 가까운 순서대로 돈에 대한 이야기를 '구체적'으로 나눌 것을 권하고 있다. 되도록이면 정확한 액수로 이야기하는 '정량적인 방식'으로 말이다. 이런 협상을 미리 해두면 불필요한 신경전이나 감정 상하는 일을 줄일 수 있다. 가장 대표적인 예가 경조사비다.

민호 씨는 최근 어이없는 일을 경험했다. 직장생활을 하다 보면 친분이 깊지 않은 사람이라도 경조사 때 성의를 표시해야 할 때가 있는데, 이럴 땐 보통 5만 원 정도 내는 것으로 암묵적인 합의가 있는 듯했다.

"평소 친분이 있었으면 10만 원을 냈을 거예요. 회사 사람이니까. 그런데 지나가면서 인사 몇 번 한 게 다거든요. 모른 척하자니 그건 좀 아닌 듯해서 다른 직원들 낼 때 같이 5만 원을 냈어요."

"그런데 그분이 서운해했나요?"

"5만 원을 받아서 무시당하는 기분이었다며, 제 이름을 언급했다는 거예요. 저랑 술 한잔한 적도 없는데 말이에요."

"그분은 민호 씨를 특별하게 생각했나 봐요."

"무슨, 저는 아니에요. 별거 아닌 일인데 되게 기분이 나쁘더라고요."

...

경조사비에 대한 동상이몽

"경조사를 치르면 인간관계가 물갈이된다."는 말이 있다. 그만큼 한 국인들은 경조사에 대해 예민하게 생각한다. 민호 씨 사례처럼 동상 이몽이 생기지 않도록 경조사비를 받는 입장, 주는 입장에서 각각의 기준선을 마련해두어야 하는 이유가 여기에 있다. 다음을 보자.

새로운 회사에 이직한 지 한 달째, 옆 팀 누군가가 결혼을 한다면서 청첩장을 돌렸다. 지금 일을 같이하는 것도 아니고 이름과 얼굴밖에 모르는 사람인데 축의금을 내야 할까? 혹시나 나중에 같이 일할지 도 모르니 그냥 하는 게 좋을까? 주변 사람들 역시 의견이 분분하다.

10년째 해온 동호회에서 경조사비를 모아서 내기로 했다. 10만 원 정도 낼 생각이었는데, 우리가 보통 인연이냐며 다 같이 20만 원씩

내자는 의견을 받았다.

작년 지인의 돌잔치에 한 돈짜리 돌 반지를 선물했다. 그런데 올해 우리집 돌잔치에 그는 현금 5만 원을 보내왔다. 이성이 움직일 틈도 없이 거의 본능적으로 계산기가 두들겨지고, 순간 서운한 마음에 얼굴을 바로 보기가 힘들었다.

누구나, 한 번쯤, 겪어보았을 이야기다. 여기서 중요한 건 금액이 아니다. 계속해서 말하지만, 돈에 대한 본인 기준이 없어 괜히 서운해하거나 상대를 원망하게 되는 것이 문제다. 그러니 스스로 허용 가능한 상한선을 정해두는 게 좋다.

사람 관계와 돈 문제가 얽히면 왠지 피하고 싶어지는데 현실을 똑바로 보면 이렇다. 내가 기준이 있는 만큼 상대도 기준이 있다. 타인 역시 나를 향한 똑같은 선이 있음을 인지하면 명확한 태도를 보이는 데 도움이 된다. 그가 나에게 5만 원을 보내왔다면 그는 나를 그만큼으로 여기는 것이다.

'혹시나 그에게 사정이 있는 건 아닐까?' 하고 혼자 상상하고 혼자 용서하고(?) 그러고 있지는 않았는가. 그런 건 상대가 사정을 밝히고 양해를 구했을 때, 그때 고려할 일이다. 미리 배려하고 미리 죄책감을 느낄 필요는 없다.

주머니 사정만큼 마음 사정도 중요하다

경조사, 생일선물에 드는 비용은 물론, 만날 때마다 치르는 돈 역시 관계 유지비용에 포함된다. 내 입장에서 관계를 유지하고 싶은 마음이 클수록 비용 역시 많이 들어간다. 관계 유지의 어려움이 예상될수록 돈을 많이 쓰려고 하는 거다. 왜 그럴까?

그만큼 상대에게 가치를 느끼기 때문에 과한 비용이 나가더라도 아깝지 않은 것이다. 이래서 관계 유지를 위해 돈을 쓸 때는 주머니 사정만큼이나 '이 돈을 써도 아깝지 않은 사람인가?' 하는 마음 사정에 대해 되새겨보길 바란다. 대부분은 본능적으로 알지만, 가끔은 분위기에 휩쓸려 과한 비용을 쓰고는 일주일간 후회의 나날을 보내기도 한다.

자, 여기에서 유추할 수 있는 한 가지가 있다. 내가 다른 사람에게 쓰는 비용이 아깝다면 상대도 마찬가지. 다른 사람이 내게 쓰는 비용이 아깝지 않게끔 하려면 어떻게 해야 할까. 나의 가치를 높이는 방법이 있다. 만약 10미터에서 100미터로 성장하면 높아진 높이만큼 넓이도 확장하는데, 이 넓이 안에 '좋은 인연'이 들어온다. 그러고 보면 성장만큼 좋은 인연을 끌어들이는 자석도 없다.

사람 마음이란 게 그렇다. 내가 가치 있게 느끼는 대상에게 쓰는 돈은 괜찮지만, 애매하거나 가치가 느껴지지 않는 이에게 나가는 돈은 셈하게 된다. 그러니 타인이 자신에게 쓰는 비용이 아깝지 않을 정도의 사람이 되겠다는 것을 목표로 삼아보자. 충분히 동기부여가 될 수 있다.

다시 원점으로 돌아가서, 관계 유지비용이 항상 아까운 게 아니다. 그 비용이 얼마의 값어치를 하고, 어떤 기대 속에서 쓰이는지 알고 들이는 비용이라면 괜찮다. 가장 큰 문제는 '나도 모르게' 빠져나가는 돈이다. 심지어 도둑맞는 줄도 모른다. 줄줄 새는 돈, 그리고 낭비되는 시간은 어떻게 해서든 막아야 한다.

그러기 위해서 나의 필요를 정확히 알아야 하고, 그 필요에 맞게 비용과 시간을 적절히 들여야 한다. 이것이 진정한 자기보호다. 줄 때 주고 베풀 때 베풀더라도 내게 무엇이 있는가, 얼마만큼 남았는가, 정도는 알고서 하자. 그러면 과하게 비용이 나가도 억울함이 남지 않는다.

투자의 가치, 위험성, 기회비용, 예상 손익이나 손실을 잘 알수록 이득이 적거나 손해를 보더라도 '마음의 타격과 충격'이 줄어든다. 완전히 무덤덤할 수는 없겠지만 말이다. 손실은 항상 뼈아프다. 생각보다 자신을 지키는 데는 큰 용기와 세밀한 전략이 요구된다. 그러나 한 번 제대로 해두면 같은 이슈로 스트레스 받을 일이 없어질 것이다.

언제까지 상대에게
맞춰주기만 할 텐가

. . .

친구는 '누울 자리'가 아니다

우리는 언제 손해를 생각하게 될까? 말 그대로 당했을 때다. 그렇다면 구체적으로 '관계에서 당했다.'는 건 무엇을 말하는 걸까? 사이가 상호성에서 일방성으로 전환되어 피해를 보는 쪽이 생기는 것을 말한다. 상호성은 관계의 핵심이자 관계를 지켜주는 댐과 같다.

처음에는 이 상호성이 그런대로 지켜진다. 그런데 받는 재미에 빠진 쪽에서 슬슬 본인이 원하는 대로 하기 시작한다. 슬쩍 오른쪽 다리를 넣어봤더니 친구가 안방을 내준다는 것을 '경험적으로' 터

득했기 때문이다. 이를 안 순간 상대는 '상호성을 지켜야 할 대상'이 아니라 '내가 누워도 될 자리'로 바뀌어버린다. 그래서 죄책감 없이 자신이 원하는 바를 요구하는 것이다. 그런데 한 가지 알아야 할 사실이 있다. 누군가를 '누울 자리'로 여기는 순간 상대는 이를 알아차리고 떠날 준비를 한다는 점이다.

경청, 공감, 배려, 챙김… 상대에게 이 모든 것을 주고 있음에도 아무것도 받지 못할 때, 우리는 보통 '일방적인 관계'라는 표현을 쓴다. '고맙다는 말 한마디라도 하면 얼마나 좋아!' 이런 마음이 솟구치지만 '그렇지만 내가 꼭 뭘 받으려고 하는 게 아니니까.' 하고는 혼자 풀이 죽는다. 그렇다고 마냥 베풀 수만은 없으니 다음부터는 조금 더 인간적으로, 상대의 공감과 배려를 얻고자 유무형의 비용을 투자한다.

"너는 왜 그렇게 당하고도 모르냐? 그만 빠져나와."

주변에서 아무리 이런 직언을 해줘도 들리지 않는 이유가 여기에 있다.

'언젠가는 뭔가 있겠지. 내가 더 잘하면….' 이런 생각이 계속되면 어느새 '나의 헌신'은 베풂에서 투자로 바뀐다. 투자라는 것 자체가 회수를 목적으로 한다. 회수할 것을 회수해야 관계를 내려놓을 수 있다. 그래서 상호성이 무너졌음을 감지하면서도 관계를 정리하지 못하고 만남을 유지하는 것이다. 이후에도 상대가 아무것도 내놓지 않으려 하면, 그제야 내적 감정이 폭발하고 스스로 관계의 종결을 선언한다.

그런데 중요한 건, 그다음이다. 이대로 끝을 내어선 안 된다. 같은 상황에 놓였을 때 어떻게 처신해야 하는지에 대해 골몰하는 시간이 필요하다. 이런 시간을 생략한 채 다른 누군가와 만나면 똑같은 상황이 반복되지 말라는 법이 없다.

· · ·

대상을 바꾼다고 해서 해결되지 않는다

사람 성격이 쉽게 변하지 않는 것처럼 관계를 맺는 패턴 또한 그렇다. 근 5년간 친구 다섯 명에게서 크게 배신감을 느낀 민정 씨는 지금은 일절 대인관계를 맺지 않고 있다. 상대를 신뢰하지 못하니 누굴 만나도 그냥 겉도는 대화만 주고받을 뿐이다.

"민정 씨는 대상만 달라질 뿐, 왜 늘 같은 문제로 고민하는 걸까요?"

"저도 그게 이해가 안 돼요, 선생님."

"민정 씨가 관계를 형성하는 패턴이 굳어진 것 같은데 이참에 한 번 생각해보세요. 아무리 상대가 반성한다고 말해도, 아니 백 번 양보 해서 정말로 개과천선한다 해도 민정 씨 스스로가 변하지 않으면 '50퍼센트가 바뀌지 않았다는 점'에서는 전과 같거든요."

"그냥 저는… 제가 선택한 관계에 책임을 지고 싶었어요."

"민정 씨가 생각하는 책임이란 게 뭔가요? 상대가 민정 씨를 아무 렇게 대해도 그저 참고 이해하는 거라면, 거기에서 다시 시작해보 세요. 정확한 정의는 민정 씨만이 내릴 수 있지만, 관계라는 것이 적 어도 어느 일방의 희생이나 인내심이 아니라는 것, 이거 하나는 명 확히 말씀드릴 수 있어요."

민정 씨처럼 잘못된 관계를 반복하는 이들이 적지 않은데 이번 기회에 생각해보길 바란다. 언제까지 상대에게 맞춰주며 자신의 감 정을 억누를 것인가? 이건 너무 비효율적이다.

대개 이런 사람들은 두 유형으로 나뉜다. 첫째는 '인내하는 것' 말고는 관계를 맺고 유지하는 수단이 없는 경우다. 마냥 참으면 관 계가 그런대로 유지되니 딱히 다른 능력을 개발하지 않아도 된다. 그러나 이것으로는 한계가 있다. 유머 발휘하기, 동질감 느끼게 하 기, 관심사 발굴하기처럼 나이가 들수록 사회성에 필요한 능력이 늘어난다. 리더십도 그중 하나다. 분명 잘 찾아보면 자신에게도 그 런 '능력'이 있을 것이다. 그런 능력을 강점으로 키워 능동적으로 관계를 구축하는 데에 사용해야 '참고 감수하는 원시적 형태의 관계'를 반복하지 않을 수 있다.

둘째는 싸움이 싫어서 '참고 터지는 패턴'이 굳어진 경우다. 다투는 것이 싫어서 잘못된 관계 패턴에서 벗어나지 못하고 있는가? 그렇다면 '건강하게 다투는 법'에 대해 고민해야 한다. 싸움은 가면을 벗고 '날것의 욕구'를 그대로 드러내도록 도와준다. 상대에게 자신의 욕구를 드러낼 기회를 왜 스스로 박탈하는가? 감정적으로 제어하지 못하는 분노라면 문제가 된다. 하지만 관계가 발전하기 위해서는 있는 그대로 서로의 욕구가 분출되는 다툼의 시간도 필요하다. 이 과정에서 자존심이 다칠 수 있다. 그러나 얻는 것이 분명 더 클 것이다. 특히 현명하게 다툴 줄 아는 상대를 발굴하는 것. 이 것만 한 소득도 없다.

...

손해가 훨씬 마음 편한 사람들

사실 착취와 피착취 관계가 고착화되는 가장 큰 이유는 '손해를 선호하는 유형'이 존재하기 때문이다. 좀 이상하게 들릴지 모르겠다. '손해를 원하는 사람이 세상에 존재할까?' 의문이 들겠지만 많다.

그것도 우리 주변에.

관계에서 손해를 보는 사람은 늘 손해를 본다. 이들이 자신이 손해를 덜 본 지점에서 끝을 낼 수 없었던 이유는 뭘까? 결국 자신이 조금 더 손해를 봐야만 마음이 편했기 때문이다. 이게 핵심이다. 손해가 훨씬 마음 편하다는 사람들에게 '손해'는 자기 결정권, 주체성을 얻기 위해 지불하는 대가로서 기능한다. '마음 편함'은 손해를 통해 정당한 자격을 얻었다는 데서 오는 '마음의 밸런싱'이다. 손해를 끌어안고서야 비로소 상대와 비등해진다고 볼 수 있다. 그렇지만 이들도 사람인지라 이기적 속성과 손해 보기 싫은 마음에서 완전히 자유로울 수는 없다.

그래서 슈퍼에고, 즉 초자아는 '손해 보는 것에 민감하지 않은 나'를 만드는 데 전력을 다한다. 미안함, 죄책감을 수시로 가미해서 스스로 '손해 보기 싫은 마음'을 적나라하게 드러내지 못하도록, 의식에 떠오르지 못하도록 차단해버리는 것이다. 하지만 아이러니한 것은 결국 더 이상 물러설 수 없을 만큼 손해 보는 지점에 이르러서야 끝을 낼 결심을 하게 된다는 점이다. 그나마 끝이라도 내면 다행이다. 그러지 못하고 손해의 경계가 자기 목숨과 맞닿아 있으면 늘 위태롭고 경우에 따라서는 치명상을 감수해야 한다.

나는 이처럼 손해를 참아내기만 하는 내담자가 오면 '내면을 자극하는 질문'을 한다. 여러분도 스스로에게 다음 질문을 던져보길 바란다.

● 내면을 자극하는 몇 가지 질문

1. "손톱만큼도 손해 보기 싫다." 이 말이 어떻게 들리는가? 긍정적으로 들리는가, 부정적으로 들리는가?

2. 한치의 손해도 보지 않으려는 노골적인 이기심과 마주하면 어떤 생각이 드는가? 유아적으로 보이는가? 심지어는 동물과 다름없어 보이는가?

3. "난 손해 보기 싫어!"를 내세우는 사람들을 보면 어떻게 대응하고 싶은가? 가르치거나 따지고 싶은가? 욕을 하거나 무시하고 싶은 마음이 드는가?

4. "모든 인간은 이기적 속성을 갖고 있고 손해 보기 싫은 마음에서 자유로울 수 없다."고 한다. 본인은 손해 보기 싫은 감정에서 얼마나 자유롭다고 생각하는가?

이제는 너에게 이용당하지 않을 것이다

나쁜 사람을 물리치는
몇 가지 방법

다섯 사람의 법칙

· · ·

나는 나를 아프게 하는 사람에게 끌린다

타인의 착취에 상처 입은 이들을 위한 얘기를 계속 풀어보고자 한다. 자기중심적인 사람에게 호되게 당하고 관계를 정리했으면, 분명 '다음'에는 그렇지 않은 사람을 만나야 한다. 이게 우리가 아는 상식이다. 그런데 그렇지 않아서가 문제다. 아이러니하게도 또다시 자신을 이용하는 사람에게서 느낌이 오는 경우가 많다. 본인 스스로 실패할 수밖에 없는 대상에게만 열정이 생긴다면, 아무리 부정하려 해도 이게 사실이라면, 그렇다면 이번 기회를 이용해 진지하

이제껏 너를 친구라고 생각했는데

게 그 이유에 대해 생각해보길 바란다.

이런 현상은 분명 과거에 내가 원했으나 이루지 못한 어떤 관계와 관련이 있다. 따라서 현재의 관계가 과거 '이루지 못한 어떤 관계'를 관성에 따라 복사하거나 반복한 것인지, 아니면 실패할 수밖에 없는 대상을 일부러 골라 실패를 반복함으로써 '이루고자 하는 관계'로 가는 모든 길을 원천 봉쇄하는 중인지 가려낼 필요가 있다.

하지만 이를 판단하는 과정이 단순하지 않다. 그럼에도 스스로 의도와 의지를 갖고 자신의 관계 유형을 짚어야 한다. 그래야만 건강한 관계를 만들기 위한 '건강한 자각'을 얻을 수 있다. 자신의 관계가 건강하지 못한 방향으로 반복된다는 자각, 10가지를 해주면 100가지를 해달라는 그들의 먹성(?)에 대한 자각, 착취하는 사람에게 더 이상 자신을 내어주기 싫다는 자각, 그래서 그 패턴에서 벗어나고 싶다는 자각, 바로 그런 자각 말이다.

· · ·

관계의 선회 Ⅰ
내가 맺는 관계 유형 파악하기

건강하지 못한 관계, 나를 아프게 하는 관계 맺기는 이제 그만. 이

이제는 너에게 이용당하지 않을 것이다

를 역방향으로 돌리는 방법에는 두 가지가 있다.

첫 번째 방법은 관계의 성격을 인지하는 일이다. 나라는 사람이 맺는 관계가 계속 제자리에서 맴돈다면, 관계 자체에 주목해야 한다. 관계도 개개인처럼 성격이 있고 취향이 있고 습관이 있기 때문이다. 예를 들면 다음과 같다.

● **관계의 성격 1**

유형 : "나는 나랑 잘 맞는 몇몇하고만 어울리고 싶어."

리스크 : 소수 몇 명에 대한 집착과 의존이 심해질 수 있다.

● **관계의 성격 2**

유형 : "여러 다양한 사람과 두루두루 어울리는 게 좋아."

리스크 : 유대감을 경험하지 못하고 진지한 관계로 나아가는 데 어려움을 겪을 수 있다.

● **관계의 성격 3**

유형 : "나보다 센 사람이 매력적이더라. 이런 사람하고만 놀고 싶어."

리스크 : 자신의 목소리를 내지 못해 스스로 관계를 종료시킬 수 있다.

이제껏 너를 친구라고 생각했는데

● 관계의 성격 4

유형 : "다른 사람 말을 잘 들어주는 사람이 좋아. 상대 위주로 의사결

정을 내려주는 게 마음에 들어."

리스크 : 자신의 이기심이 심화할 가능성이 높다. 그 결과 상대에게 버

림받을 수 있다.

이와 같이 자신의 관계 유형을 파악할 수 있는가? 유형을 아는 것만으로도 자신이 선호하는 관계가 불러올 리스크와 그동안 놓친 실마리를 찾을 수 있다.

우리는 매번 새로운 대상과 관계를 맺는 것 같지만, 그렇지 않다. 나라는 사람을 중심으로 맺어지는 관계는 모두 같은 그림을 그리고 있다. 이것이 관계의 신비 중 하나다. '이번에 만나는 사람과는 새로운 형태의 관계를 맺어봐야지.' 하고 결심해도 마찬가지다. 습관이 무섭다고 하지 않는가. 속성상 나쁜 습관은 비교적 쉬이 형성되는 반면 좋은 습관은 만들기가 쉽지 않다. 좋은 관계 습관을 만들기 위해서는 전폭적인 에너지와 시간을 들여 공들일 필요가 있기 때문이다.

관계를 만들어갈 때 자칫 공을 잘못 들여 '공든 탑이 무너지는' 꼴을 본다. 이때는 과감하게 '잘못된 공이었으니 무너지길 잘했다.'고 생각하는 게 낫다. 그래야만 그 뒤에 제대로 공을 쌓을 기회와

이제는 너에게 이용당하지 않을 것이다

시간을 얻기 때문이다.

...

관계의 선회 II
건강한 관계를 맺게 하는 다섯 사람의 법칙

건강한 관계 맺기로 선회하는 두 번째 방법은 좋은 사람과 함께하는 것이다. 의도적으로 타인을 배려하고 베풀 줄 아는 사람과 어울리는 거다. 주위에 이런 사람이 하나둘 늘면 이기적인 사람에게 맞춰진 관계의 초점은 자연스럽게 약해진다. 이름하여 '다섯 사람의 법칙'이다. 주위에 그런 사람이 다섯 사람만 생기면 분명 변화가 시작된다.

오랫동안 굳어진 관계의 성격, 습관을 바꾸는 일이 하루아침에 되는 건 아니다. 하지만 조금씩 바꿔간다면 어려운 일도 아니다. 당장은 상대를 배려하는 사람에게 매력을 못 느낄 수 있다. 매일 MSG가 잔뜩 들어간 음식만 먹다가 유기농 채소를 먹으려니 뭔가 입이 심심한 것과 비슷하다. 하지만 '몸에 좋은 것을 아는 몸의 감각'이 웰빙 식단에 적응하듯 '좋은 관계를 알아보는 마음의 감각'도 그렇게 된다.

딱 다섯 사람만 찾아보자. 실제로 나는 지인에게 이런 조언을 건넨 적이 있다.

"좋은 사람과 어울리다보면 남을 착취하는 이들이 주는 불편함이 확 느껴질 거예요. 온실에 있다가 바깥 공기를 쐬면 갑자기 추워지는 것처럼요."

다섯 사람의 법칙은 이럴 때만 유용한 게 아니다. 스스로 생각했을 때 너무 다양한 모임, 지나치게 많은 사람과 어울리느라 누구와도 유대감을 느끼지 못한다면 역시 다섯 사람의 법칙이 유용하다. 다섯 사람과 깊은 관계를 맺고자 노력하는 것이다. 이 중에서단 한 명의 친구만 얻어도 그 시도는 무조건 성공이다.

· · ·

아프더라도 사람을 겪어내야 한다

나를 속이려는 사람, 이용하려는 사람은 언제 어디서든 만날 수 있다. 안 만나고 살 수 있다면야 좋겠지만 마주치는 것까지는 어찌할 수가 없다. 그 사람을 내 삶으로 들어오게 할 것인가? 내가 그 사람과의 관계로 뛰어들 것인가? 이것은 온전히 나의 선택이다. 물론 이런 결정이 쉽지는 않다. 마주한 대상이 어떤 사람인지 분별해야 하는데 처음부터 속속들이 알기 어렵기 때문이다. 그래서 겪어봐야 안다는 말이 맞다.

하지만 속는 것이 두려워서 누군가를 만나는 것 자체를 피하지는 말자. 많이 경험하면서 사람을 분별하는 눈도 키우고 관계를 맺는 기술을 익혀야 성숙해질 수 있다. 잘못 분별해서 아프게 끝나는 과정을 거치더라도, 이 또한 나와 내 삶에 필요한 양분이다. 항상 성공하지 않아도 괜찮다. 배신은 아프고 싫은 것이지만 배신이 나를 죽이지는 못한다. 그저 아주 작은 관계의 실패일 뿐이다.

이제껏 너를 친구라고 생각했는데

처음부터 우리는
친구가 아니었을지 몰라

배신은 없었다, 관계에 대한 착각

...

그 친구가 카톡 방을 따로 만든 이유

가장 믿었던 친구에게 따돌림을 당한 세린 씨. 세린 씨는 마음의 문을 열면 재는 것 없이 모든 것을 내주는 성격이다. 그만큼 사람을 좋아하는 성격인데 이상하게 늘 끝이 좋지 않았다.

"정말 믿었어요. 그래서 제 속마음도 다 얘기했거든요. 앞에서는 저를 위하는 척하더니 뒤에서는 따로 카톡 방을 만들어서 제 험담을 했더라고요. 그 카톡 방에 있던 다른 친구가 대화를 보여주지 않았으면 전 끝까지 몰랐을 거예요."

"그 친구가 왜 그랬을까요?"

"싸운 적도 없고, 딱히 사이가 나빠질 일도 없었어요."

"음, 카톡 대화방에서는 주로 어떤 얘기들이 오갔나요?"

"제가 철이 없고 속도 없어서 대하기 쉽다고 했더라고요. 그리고 제 주변에 괜찮은 사람들이 많은데 자기한테 소개를 안 해준다고요. 아, 이 말이 가장 충격이었는데 세상이 공평하다는 것을 제게 알려주고 싶다고도 했어요. 그 친구는 자신이 다 가져야 한다고 생각하나 봐요."

"세린 씨가 더 많이 가졌다고 생각하니까요. 그걸 본인도 갖고 싶은데 세린 씨가 주지 않는다고 생각하니 그런 행동을 한 것 같네요."

"그런 마음이면서 왜 제 앞에서는 아닌 척했대요?"

"들킬 줄 몰랐으니까요."

· · ·

직시하지 않으면 앞으로 나아갈 수 없다

한숨을 쉬며 고개를 숙이는 세린 씨는 한눈에 보기에도 사랑을 많이 받고 자란 사람이다. 묘하게 이목을 끄는 분위기가 있다. 처음에는 사람들이 이런 세린 씨에게 호감을 느끼고 다가온다. 그러나 속없이 모두 내주는 그녀에게 볼일이 끝나면 거리를 두기 시작한다. '퍼주는 것' 말고는 관계를 유지하는 법을 모르는 세린 씨에게도 이유가 있겠으나 '볼일이 끝나면 떠나는 사람'만 붙는 것이 더 큰 문제로 보였다.

성격이 단순하고 사람을 좋아해서 금세 자신을 열어 보이는 그녀에게 '예의 주시하는 기간'을 가져볼 것을 권했다. 물론 이건 지엽적인 처방에 불과하다. 더 큰 맥락에서 자신의 관계 유형을 바라볼 필요가 있다.

어디 세린 씨뿐이겠는가. 이 책을 읽는 독자라면 한 번쯤 믿었던 사람에게 상처받은 경험이 있을 것이다. 억울함의 감정이 나를 압도하고 지배할 때에는 아무것도 들여다볼 여력이 없다. 그래서 처음에는 시간이 필요하다. 분노, 억울, 원망 등 마음을 짓누르던 압력이 조금은 빠진 뒤에야 자신을, 그간의 관계를, 보기 싫은 상대를 직시하는 일이 가능해진다. 이런 관점에서 보면 세린 씨는 아직 '감정의 늪'에서 헤어나지 못한 상태다.

감정의 강한 파고에서 조금씩 벗어나는 시점이 본격적으로 관계를 풀어가는 최적의 타이밍이다. 이때 정신을 차리지 않으면 허탈, 무의미, 허망, 알 수 없는 죄책감, 미안함 같은 감정에 사로잡히게 된다. 그러다 보면 높은 감정의 파도가 다시 몰려오고 여기에 휩

이제껏 너를 친구라고 생각했는데

쏠리기를 반복한다. 생각만 해도 어렵고 힘겨운 일이다. 하지만 아프더라도 직시해야 한다. 지나온 관계를 들여다보지 않으면 감정의 악순환에서 빠져나올 방법이 없다.

···

나의 탓도 너의 탓도 아니다

믿었던 사람에게 배신당하거나 크게 상처받았을 때 제일 먼저 떠오르는 질문은 이런 것이다.

"날 배신해? 어째서? 나한테 왜 그런 거지?"

같은 질문을 수없이 반복하며 가슴을 친다. 이 시점에 할 일은 상대가 왜 그랬을까 연구하기를 멈추고, 영영 멀어져버린 '그 사람과 나' 사이에 초점을 두는 일이다. 질문을 다음으로 바꿔야 한다.

"도대체 우리 사이에 무슨 일이 일어난 거지? 서로 무엇을 하고 있었던 건가?"

여기에 대한 답을 찾아보자는 거다. 그래야만 섣부르게 책임 귀인을 하지 않는다.

"이게 다 네 탓이야."

"전부 내 잘못이야."

우리는 관계에서 문제가 발생하면 남 탓 혹은 자기 탓을 하는 데 급급하다. 섣부른 책임 귀인은 관계의 본질, 즉 둘 사이가 위기에 처한 배경을 들여다보지 못하게 한다. 그 결과 같은 실수를 반복하게 만든다. 이미 너 때문이라고, 또는 나 때문이라고 결론을 지었기에 더 중요한 데까지 관심을 끌고 가지 못하는 것이다.

진짜 원인을 외면하면 '대상이 달라지더라도' 같은 비극은 반복된다. 그러니 섣불리 남 탓, 내 탓을 하지 말고 둘 사이에 머무르자. '나와 너' 사이에 머물러야만 우리 사이가 왜 이렇게 힘들어졌는지 진짜 이유를 찾을 수 있다.

너와 나 사이에 온전히 머무르면 믿었던 사람에게 배신당했다는 생각이 깨지는 경험을 할 수 있다. 상대에게 배신당한 게 아니라 내 마음대로 '우리 사이'를 규정짓고 내가 만든 환상 속에서 관계 맺음을 하다가 이제야 꿈에서 깨어났다는 얘기다. 어디까지나 추측이지만, 어쩌면 세린 씨가 믿었던 '진한 우정'이란 것도 그녀만의 것일 뿐 둘의 것이 아니었는지도 모를 일이다.

너와 나의 애정의 크기가
이토록 다름을 알았을 때

쌍방향의 의미

...

난 맞는데 너는 아니었구나

"생각해보면 그 선배는 저와 썸을 탄 게 아니었어요. 저 혼자 좋아서 착각했던 거지."

최근 짝사랑을 정리한 정민 씨. 처음에는 여지만 주고 떠난 선배를 원망했다. 그러다 자신이 그의 '작은 매너'에 의미를 지나치게 부여했음을 깨달았다. 20대인 주영 씨도 비슷한 고민을 털어놓았다.

"중학생 때부터 제가 너무 좋아한 친구가 있어요. 그런데 최근에 그 친구 SNS를 보고 충격을 받았어요. 그 친구가 꼽은 베스트프

이제는 너에게 이용당하지 않을 것이다

렌드 목록에 제 이름이 없더라고요."

상대가 이성이든 동성이든 누구나 한 번쯤 이런 경험을 해보았을 것이다. 내가 생각하는 그를 향한 마음의 무게와, 그의 마음속에 있는 나를 향한 무게가 너무 다름을 깨닫는 순간, 요즘말로 현타('현실자각타임'의 줄임말)가 온다.

이럴 때 우리는 어떻게 하는 게 좋을까. 그냥 모른 척 눈감을 수도 있고, 눈을 떠 현실을 직시할 수도 있다. 나만의 착각이었다니, 이 얼마나 가슴 아픈 말인가?

더 아픈 말도 있다. 그동안 자신이 꿈꾼 대상은 더는 존재하지 않는다. 그 사람만 사라진 게 아니다. 꿈꿔온 관계 또한 사라졌다. 현재는 물론 과거 어느 순간에도 없었던 일이 되는 것이다. 사실은 없다는 것을 '이제야' 알아차린 것뿐이다. 가슴속에서 지진이 일어난다. 그게 다 착각이었다고? 억울함과 분노가 치솟는다.

관계의 속성 중 하나가 쌍방향성이다. 관계가 '있다' 혹은 '있었다'라고 말할 수 있으려면 두 사람이 서로를 생각하는 마음이 엇비슷해야 한다. 꼭 반반이 아니어도 60 대 40, 70 대 30 정도는 되어야 쌍방향 관계라 할 수 있다.

그런데 가끔 보면 자신은 상대를 90만큼 여기는데 상대는 10만큼도 여기지 않는 경우가 있다. 상대는 그냥 '연락이 오니까 받은 거고, 시간이 남으니까 만나는 건데' 내 쪽에서 실낱같은 희망에 너무 많은 점수를 주는 것이다. 이런 경우 과연 상대가 배신했다고 말할 수 있을까? 당연히 아니다. 내가 만든 환상과 기대치에 상대가 부응해야 할 이유는 없다.

물론, 그렇다고 해서 자신을 지질하다, 못났다 비난하며 움츠러들 필요도 없다. 그냥 '나도 누군가를 그토록 좋아할 수 있었구나.' 정도만 인정하면 된다.

마음이 흐르는 방향은 내 탓도 상대 탓도 아니다. 이런 깨달음만 얻고 넘어가자. 내 마음이 그에게, 그녀에게 넘치게 갔던 것은 상대가 내 마음을 조종해서도 아니고, 내가 못난이여서도 아니다. 나는 의식하지 못했지만 어쩌면 깊은 무의식 속에 '이유 있는 넘침'이었을 수도 있다. 이것만 알아차려도 자기 상처나 타인에 대한 원망에서 벗어날 길이 열린다. 그리고 나는 나도 몰랐던 그 '이유'에 대해 깊이 공감할 수 있는 날을 맞게 될 것이다.

• • •

실은 알고 있었다,
내 마음과 너의 마음이 다르다는 걸

"우리는 서로 공정하게 주고받는 사이였어요. 그런데도 배신을 당한 거예요."

혹자 중에는 이런 억울함을 호소할지도 모른다. 그렇다면 자신에게 다음 질문을 던져보자.

"상대가 배신(어디까지나 내 주관에 근거한)하기까지, 그래서 내가 버려지기까지 나는 무엇을 했는가?"

그러면 아마도 '상대가 왜 그랬지?'에서 벗어나 '나는 왜 몰랐지?', '나는 왜 모른 척하고 있었을까?', '눈치조차 못 챈 걸까?' 등 자신을 향한 질문이 튀어나올 것이다.

배신을 당했다고 주장하는 사람과 심리 치료 작업을 하다 보면 "그 사람이 저에게 이럴 줄 몰랐어요. 왜 갑자기!"로 시작하지만, 나중에는 "실은 느꼈던 것 같아요."로 귀결하는 패턴을 자주 본다. 심지어 처음부터 일방적인 관계로 나아갈 조짐이 보였다고도 한다.

이제야 궁금해진다. 왜 그런 '촉'을 느꼈음에도 넘기고 만 걸까? 수많은 이유가 있을 수 있고, 하나의 이유로 모일 수도 있다. 나를 이용하고 나를 속이는 대상을 선택하고 또 그와의 관계를 가능하게 만든 가장 큰 축은 무엇인가. '내가 고른' 상대와 관계를 유지하고 싶은 욕망이다. 뼈아프지만, 무지하리만치 맹목적이다. 그간의 모든 징조와 신호와 촉을 무시해서라도 말이다.

관계를 유지하고픈 욕망 때문에 자신을 속여왔다. 이 관계를 유지하고픈 바람, 유지할 수 있다는 강박의 힘으로 억지로 붙잡아온

이제는 너에게 이용당하지 않을 것이다

것이다. 그러다 실체를 직시하지 않을 수 없는 어떤 계기를 통해 강제로 강박이 종료되는 결말을 맞는다. 어떤 의미에서는 산통이 깨졌다고 말할 수 있다. 그래서 관계가 끝날 때 이런 말을 하는 건지도 모른다.

"좋았던 관계를 네가 망쳤어. 너만 그러지 않았어도!(계속 꿈을 꿀 수 있었을 텐데⋯.)"

• • •

당신의 마음은 이미 답을 알고 있다

"사람을 만나다보면 말썽도 생기고 일방적인 관계로 기울어지기도 하고, 뭐 그런 거잖아요. 그럼 그때마다 걸고넘어져야 하나요?"

누군가 이렇게 묻는다면 나는 이렇게 답하겠다.

"딱 한 번만, 자신의 촉에 머물러보세요."

그 촉이 의미하는 바가 무엇인지, 불편한 감정이 무엇을 의미하는지에 대해 숙고해보라는 뜻이다. 답은 본인만이 찾을 수 있다. 안다. 이건 아니다 싶은 촉을 인정해버리면, 그 사람과의 관계에 조정이 불가피해진다는 것을. 더욱이 내가 붙들고 싶은 관계라면 더더욱 촉을 외면하고 싶어진다는 것을 말이다.

이제껏 너를 친구라고 생각했는데

그런데 그 사실을 아는가? 정말 믿었던 사람이 나를 떠나려 할 때, 손을 놓을 권리는 그들만의 것이 아니다. 촉을 감지한 내 쪽에서 먼저 손을 놓을 수도 있다. 내가 아무리 발버둥 쳐도 끝을 향하는 관계는 결국 끝에 닿을 수밖에 없다. 가슴은 찢어지겠으나 '보내줘야 할 관계'는 보내줘야 이치에 맞다. 이 대전제를 수용했을 때 그나마 상처에서 빨리 벗어날 수 있다.

그리고 무엇보다 중요한 건 '일방적으로 당했다는 상처'에서 자신을 보호하는 일이다. 굳이 받지 않아도 될 상처까지 이중삼중으로 떠안지는 말자. 이것이 마음 깊은 곳에서 보내온 시그널을 무시하지 말아야 하는 이유다.

이제는 너에게 이용당하지 않을 것이다

미움받을 용기,
그다음에 우리가 알아야 할 것

다시 사랑할 용기에 대하여

$\cdots$

친구의 친구가 나는 왜 싫을까

키보드에서 'SNS'를 잘못 치면 한글로 '눈'이 쳐진다. 말장난 같지만 SNS는 태생적으로 눈, 시각을 담은 셈이다. 그래서 열등감, 질투심, 박탈감도 빨리 들게 한다. 시각적으로 자신을 작게 만드는 글과 사진들이 현란하게 전시되는 공간이 SNS이기 때문이다. 그 노골적인 세계에서 '친구의 친구들'만큼 우리를 자극하는 것도 없다. SNS는 친구들의 관계 조직도를 한눈에 보여준다. 물론 그 안에서는 자신의 위치까지도 명확하게 보인다.

민선 씨는 페이스북과 인스타그램 팔로워 중 유독 눈여겨보는 친구가 있다.

"단짝 친구가 하나 있는데, 그 친구에게서 제 위치를 확인받고 싶어요. 다른 친구들 글에는 성의 있게 댓글을 달면서 제 글에는 짧게 답을 하면 속이 상하더라고요."

"그땐 친구에게 서운하다고 말하는 편이에요?"

"예전에는 그냥 넘겼는데 요즘에는 하는 것 같아요."

"중간에 변한 거네요. 표현을 안 했다가 하는 것으로."

"네."

"어떤 계기가 있었나요?"

"그 친구가 최근 다른 친구에게 마음이 가 있거든요."

"이성 친구요?"

"아뇨. 그냥 친구요. 그림 그리는 모임에서 알게 된 사람이라는데 최근에 친해진 것 같아요."

"새로운 친구가 생긴 거네요. 그래서 민선 씨가 서운한 감정이 드는 거고요."

"계정을 타고 들어가니 학교도 명문대고 얼굴도 예쁘고 말도 잘하는 거 같더라고요. 제 친구가 좋아할 만해요."

"신경이 쓰이겠네요."

"저랑은 매번 가는 곳만 가면서 그 친구랑은 좋은 데 가서 밥을 먹

이제는 너에게 이용당하지 않을 것이다

더라고요. 저랑 만날 때랑은 다르게요."

민선 씨는 한참 동안 서운함을 토로하다 일어섰다. 민선 씨는 그 뒤 친구와 여러 번 다투었고, 결국에는 서로 시간을 갖기로 했다. 물론 민선 씨가 아닌 친구의 제안으로 가진 휴식기였다.

이처럼 SNS는 너무나 정확하고 빠르게 친구의 관심이 어디를 향하는지를 보여준다. 그의 눈이 내가 아닌 다른 친구, 다른 모임에 가 있음을 알게 되는 순간 심장은 '쿵' 하고 내려앉는다.

· · ·

몸은 나이를 먹어도
감정은 나이를 먹지 않는다

동성 간에도 일명 '썸'이라는 게 존재한다. 단짝 사이에도 있을 수 있지만, 아직 친구라고 말하기 어려운 서먹한 사이에도 존재하는 감정이다. 그런 관심 대상이 내가 아닌 다른 이들과 어울리고 댓글로 서로 칭찬을 주고받는 것을 보면 묘한 기분이 들면서 자신도 모르는 새 친구의 SNS를 수시로 들여다보게 된다.

"그렇죠. 친구도 수준이 맞아야죠. 제 친구도 좋은 대학을 나왔

이제껏 너를 친구라고 생각했는데

으니 둘이 대화가 잘 통할 거예요. 전 집에서 살림이나 해야겠어요."

의기소침해하는 민선 씨. 여기서 눈치챘겠지만 민선 씨는 10대나 20대가 아니다. 마흔을 앞둔 30대 후반 여성이다. 남편과 자녀도 있을 텐데 왜 친구에게 집착하느냐 타박할지도 모르겠다. 하지만 그건 실상을 모르고 하는 소리다.

가정이 있더라도 '정서적 교감'을 나누는 또래 친구는 필요하다. 현실적으로 아내, 엄마라는 새로운 역할에 치여 살다 보면 원래 알고 지내던 친구들과는 물리적, 심리적으로 멀어지게 되고 순수하게 교감할 수 있는 새 친구를 사귈 여력도 마땅치 않다.

그러나 몸은 나이를 먹어도 감정은 나이를 먹지 않는다. 60대, 70대 어머니들이 아직도 소녀처럼 질투하고 떼를 쓰곤 하는 것도 질투심, 박탈감, 사랑받고 싶은 마음이 나이를 먹지 않기 때문이다. 그러니 아직 30대 후반이라면 감정이 한창 롤러코스터를 타고도 남을 시기다.

이야기의 원점으로 돌아가서 민선 씨는 무덤덤하게 상황을 마주하고 있었다. 무슨 일이든 긍정적이고 단순하게 처리하는 성격이라 그런 건지, 아니면 애써 외면하는 건지는 모르겠다. 그래도 어쨌든 감정이 요동치는 시기는 지난 것처럼 보였다. 민선 씨는 내게 "선생님, 저 괜찮아요. 이 정도 나이를 먹었으면 미움받을 용기를 가져야죠. 그런 게 성숙 아닌가요?"라며 자리를 정리했다.

아, 정말 그럴까? 이쯤에서 '미움받을 용기'에 대해 얘기해볼까 한다.

. . .

어쨌거나 관계의 마지막은,
다시 사랑할 용기

미움받을 용기. 이 문구가 인기를 끌고 많은 사람에게 해결의 실마리를 제공한 것을 보면 미움받는 것은 견디기 힘든 끔찍한 감정임이 분명하다. 어쩐지 미움받을 용기만 가지면 관계에서 오는 문제가 전부 해결될 것도 같다.

하지만 현실은 그렇지 않다. 내가 좋아하는 사람이 나를 싫어하는데 아무렇지 않다면 그건 기현상이다. 누가 나를 미워하면 나는 괜찮지 않다. 아프다. 미움을 받아 생긴 아픔을 극복하는 방법은 더 많은 미움을 받아도 좋을 맷집을 키우는 게 아니다. 그러니 혼돈하지 말자. 잠시는 위안이 되겠지만, 나중에는 상처 위의 갑옷에 짓눌리는 날이 온다.

관계에 있어 마지막 감정은 전부이자 모든 것이다. 마지막 감정을 어떻게 새기고 정리하느냐는 이미 정리된 관계는 물론, 새롭게

이제는 너에게 이용당하지 않을 것이다

다가올 관계에도 영향을 미친다. 관계 설정의 방향이 달라지기 때문이다. 안 좋은 생각만 곱씹고 원망만 하고 앉아 있으면 좋은 인연이 와도 몸을 사린다. 반대로 '그래도 좋은 시간이었어. 이걸로 됐어.'라고 의연하게 정리하면 좋은 벗이 찾아왔을 때 기꺼이 손을 잡을 수 있다. 이런 관점에서 떠난 사람에 대한 마지막 감정은 다음 관계의 시작인 셈이다.

그러니 해피엔딩까지는 아니어도 최악의 비극으로는 정리하지 말자. 좋은 기억은 그대로 두는 것, 미움으로 추억을 덮지 않는 것, 그리하여 과거부터 지금까지 함께한 시간을 존중하게 될 때 내 마음과 시간 역시 허무하지 않게 된다.

무엇보다도 내가 누군가를 좋아하고 사랑하는 감정을 회복할 수 있는가가 관건이다. 관계에서 필요한 것은 미움받을 용기가 아니다. 상처받은 후에도, 관계의 어그러짐을 겪고 나서도 다시 사랑할 수 있는 용기다. 아무리 작더라도 내게 남아 있는 것, 남겨진 것, 마음의 여지에 집중하라. 다시 사랑할 수 있는 여지, 그 '싹'을 보존하고 키울 때 나는 과거의 망가진 관계에도 불구하고 건재할 수 있고 다시 내가 원하는 관계 안으로 들어갈 수 있다.

3 장 —

그들은 가까운 순서대로 이용한다

본래 가족이
더 이기적이다

수용할 것과 거부할 것

...

열 손가락이 똑같이 아픈 건 아니다

"너와 나는 가족이야. 그러니 당연히 해줘야지."

이 말은 참일까, 거짓일까? 예전 같으면 참이었겠으나 지금은 거짓이다. 가족은 책임과 의무로 묶이기 쉬운 관계다. 사회적 장치마저 곳곳에 산재해 있다. 이 말은 역설적으로 요즘 세상에서 '자발적'인 마음 하나로 효를 행하기가 쉽지 않음을 뜻한다.

"우리는 가족이잖아."

이 한마디로 얼마나 많은 문제가 불거지고 또 덮이는가. 가족이기에 더 배려하고 더 헤아려주어야 함에도 그러지 못한다. 아니, 하지 않는다. 왜일까?

가족의 뜻대로 자신이 움직이지 않는다고 해서 괜한 죄책감에 빠지지 마라. 가족이라는 타이틀을 내세워 맹목적인 무언가를 요구하는 상황에 대해 되짚어봐야 한다. 또 자신이 받는 요구가 현실적으로 수용 가능한 것인지 고민해보고, 가족 구성원이 왜 내게 압박을 가하는지, 그것도 왜 나에게만 향하는지 생각해봐야 한다. 그렇지 않으면 혈연관계에 놓인 이들에게 자신의 인생을 빼앗기고 말 것이다.

결혼을 한 달 앞두고 난관에 부닥친 효림 씨. 그녀는 "같은 부모라는 하늘 아래 공주와 하녀가 있다."며 자신의 처지를 비관했다. 효림 씨에게는 한 살 어린 여동생이 있다. 아기 때부터 워낙 예뻐서 가족의 사랑을 독차지하며 자란 여동생과 달리, 효림 씨는 '있어도 그만, 없어도 그만'인 대우를 받았다.

"동생은 부모님 지원받으면서 하고 싶은 것 다 했어요. 유학도 다녀오고, 미인 대회도 나가보고, 그럴듯한 남편감이 나타나면 늘 동생이 먼저 소개를 받았어요. 결국 걔는 시집도 잘 갔잖아요. 차라리 집안 형편이 어려워서 고학을 했으면 이렇게 서럽지도 않을 것 같아요. 그런데 결혼마저도 이렇게 되니까…."

이제는 너에게 이용당하지 않을 것이다

효림 씨는 기어코 눈물을 훔쳤다. 결혼은 태어나 처음으로 자신이 온전히 주인공이 되는 순간이다. 그런데 그런 결혼마저 동생 사정을 봐주느라 예정대로 할 수 없게 되었다. 본래는 효림 씨가 먼저 식을 치르고 동생이 뒤에 할 예정이었다. 그런데 동생과 결혼할 남자가 갑자기 유럽 지사로 발령을 받자 그녀의 부모는 망설임 없이 효림 씨 결혼을 뒤로 미뤘다.

"효정이가 먼저야. 너는 나중에 해도 되잖아. 언니가 돼가지고선."

...

가족의 행복은
누군가의 희생을 먹고 자란다

그 뒤 어떻게 되었는지는 잘 모르겠다. 하지만 딱히 아름다운 결론으로 이어졌을 거라 기대하진 않는다. 보통은 이 얘기를 듣고 어떤 생각이 떠오를까? "무슨 그런 집이 있어?"라며 놀랄지도 모르겠다. 하지만 현실에서는 더한 집들이 많다. 겉으로 드러나지 않아서 그렇지 가족 간의 정서적 폭력이란 게 상당한데 자녀가 여럿인 집이 특히 심각하다. 자녀가 여럿인 집일수록 효림 씨처럼 '희생하는 자녀'가 존재하기 때문이다. 이런 상황에서 다른 형제나 자매와의 갈

등까지 불거지면 문제는 더욱 복잡해진다. 당사자는 '왜 나만 희생해야 하냐?'며 억울해하지만, 다른 구성원은 '너만 감당하면 모두가 편해져.'라는 침묵단결로 당사자를 외롭게 만든다.

"넌 애가 왜 그렇게 이기적이야? 네가 좀 참으면 되잖아."

"난 희생하라고 말한 적 없다. 네가 자처한 거지. 싫으면 싫다고 그때 말하지 그랬어."

희생을 강요하는 가족의 공격어는 보통 이런 식이다. 하지만 이런 말은 함부로 내뱉어선 안 된다. 특히 희생자 포지션에 있는 사람에게서 단 10원어치라도 수혜를 입은 적이 있다면 말이다.

이 책을 읽는 누군가가 가족을 위해 양보만 해왔다면, 방치된 자신의 인생을 곱씹어보길 바란다. 한 번의 요구는 두 번이 되고 세 번이 되고 나중에는 당연시되었을 것이다. 희생은 희생대로 하면서 가족 누구에게도 인정받지 못했을 것이다. 생색을 내기는커녕 위로조차 제대로 받지 못했을 것이다.

가족 간의 희생이란 게 그렇다. 그 어떤 관계보다도 외롭다. 철저하게 고립되어 있다. 끝이 보이지 않는다. 마치 '밑 빠진 독에 물 붓기' 같다. 왜 이런 아픔을 자처하는가. 그러니 이제는 생각해봐야 한다. 왜 가족이 자신에게만 필요를 얘기하는지, 양보를 강요하는지, 희생을 말하는지를 말이다.

···

가족이기에 더 필요한 관계의 거리

효림 씨네 같은 경우는 무늬만 가족일 뿐, 가족으로서의 진정한 기능은 고장 난 상태로 볼 수 있다. 몸이 아프면 쉬어야 하는 것처럼 관계도 아프면 쉬어가는 것이 맞다. "가족인데 어떻게 안 보고 살아요?"가 아니라 오히려 앞으로 잘 보면서 살기 위해 휴식을 취해야 하는 것이다.

또한 한데 엉켜 있는 것만이 좋은 관계라는 고정관념에서 벗어나길 바란다. 진정한 관계에서는 정확히 '너'와 '나' 서로 다른 두 사람이 구분된다. 그냥 '가족'이라는 한 묶음으로 취급되어서는 안 된다는 말이다. 진정한 의미의 관계는 두 사람 혹은 다수를 한 덩어리로 뭉개지 않는다. 누구의 감정인지, 누구의 일인지, 누가 누구인지 분간되지 않는 '하나 됨'은 가짜이기 때문이다. 가족도 마찬가지. 진짜 관계에서는 서로의 모습이 더 선명하고 더 빛난다.

"별이 겹쳐 있는 거 봤어요? 일정한 간격으로 떨어져 있잖아요. 별 하나하나 마음껏 빛나도록 별빛과 별빛 간에도 거리가 있어요. 가족 간에도 이런 거리 둠, 구분 짓기가 중요해요."

효림 씨에게 했던 조언이다. 실제로도 별이 아름다운 이유는 별 자체에 있다기보다 '별과 별 간격'에 있다고 믿는다. 이 간격으로 인해 '별의 단독성'이 확보됨은 물론, 별빛이 가려지지 않고 온전히 발산된다고 믿기 때문이다. 관계도 그렇다. 그러니 가족이라는 이유로 '네 것이 내 것이고, 내 것이 네 것이다.'라고 하는 무경계에서 벗어나자. 그렇게 되지 못하면 아무도 빛을 낼 수 없게 된다.

· · ·

가족은 끊어지지 않으니
네 뜻대로 인생을 살아도 된다

본래 부모와 자식은 서로 선택하거나 끊을 수 있는 관계가 아니다.

"끊을 수 없으니 어쩔 수 없는 관계 아닌가요? 그냥 수용해야 하는 거잖아요."

아니다. 그렇지 않다. 끊을 수 없기 때문에 수용하지 않아도 된다. 거절해도 된다. 아니, 거절이 핵심이다. 이 사실만 분명하게 인지해도 관계의 판도가 달라진다. 역설적으로 끊어질 것을 두려워하지 않아도 되니까 괜찮다는 뜻이다.

그동안 거절이 힘들었던 건 단절과 버려짐에 대한 두려움 때문이다. 하지만 끊어지지도 버려지지도 않는다는 사실을 이해하면, 부모와 자식 간의 강요는 어쩔 수 없는 그 무엇이 아니라는 결론에 이른다.

 희망이 있다. 다만 좌절을 견디는 힘이 요구되는데 그 좌절은 관계의 단절이 아니라 부모로부터의 분리이자 독립, 즉 의존을 포기하는 것을 의미한다. 가족과의 지나친 밀착 관계에서 벗어나고자 노력하고, 그 과정에서 불협화음을 겪는 것이 결국에는 건강한 관계를 회복하게 하는 계기가 될 수 있다. 그러니 지금 당신이 거부권을 행사하여 가족에게 실망을 안겼다 해서 좌절하거나 죄책감을 느끼지는 말자. 건강한 관계를 만들어나가기 위해 꼭 필요한 좌절일 수 있으니까 말이다.

이제는 너에게 이용당하지 않을 것이다

헌신 모드는
이제 끄겠습니다

희생의 마감시한

...

그 누구도 나 자신보다 소중할 순 없다

"가족이니까 보살펴야죠."

실제로 이런 이슈를 가진 내담자가 찾아오면 내가 던지는 질문은 이것이다.

"언제까지요?"

헌신의 마감 시간에 관해 묻는 것이다. 그럼 열 명 중 아홉 명은 당혹스러운 표정으로 나를 응시한다. 아마도 처음 받아본 질문이기 때문일 것이다.

이제껏 너를 친구라고 생각했는데

가족의 어려움을 덜어주는 것은 좋으나 자신의 삶이 정체하거나 퇴행하는 것을 감수하면서까지 희생하는 게 옳은 일일까? 만약 그래야만 속이 편하다면 그렇게 하는 것이 맞다. 그러나 처음에는 그렇다고 생각해서 헌신했는데 지금은 버겁다면 가족에게 자신이 헌신할 수 있는 기간과 헌신의 양에 대해 공지할 필요가 있다. 헌신 모드를 오프(OFF)로 바꿔야 한다는 말이다.

"이 빚만 다 갚으면 더는 집에 생활비 드리는 일 없을 거예요."

"올해까지만 함께 살고, 내년 3월에는 독립해서 나가겠습니다. 그때까지는 최선을 다할게요."

"내년부터 대학원에 다니려고요. 두 번째 직업을 가지려면 꼭 필요한 과정이에요."

이제는 자신의 욕구를 위해 살 차례임을 알리고 마감 시간을 뚜렷하게 공지해야 한다. 이때 중요한 것이 있다. 가족이 이를 수용할지 말지는 그들의 몫으로 남겨둬야 한다는 점이다. 그렇지 않으면 오프 모드를 1초 만에 온(ON) 모드로 전환하게 되고, 그때는 더 힘든 고행길에 나서야 한다.

"상대가 책임져야 할 몫까지 본인이 지려고 하지 마세요. 그 순간 변하는 건 아무것도 없습니다."

애써 용기를 내고도 가족 구성원이 거부하자 금세 꼬리를 내리려는 내담자에게 건넨 말이다.

가족은 내 것을 지키기 위해 생각보다 많은 것을 걸어야 하는 관계다. 사소한 것을 위해 자신의 존엄성을 걸어야 할 때도 있다. 큰 희생을 하고 그에 대한 보상을 받지 못해도 어디 가서 하소연조차 할 수 없는 게 가족 문제다. 그렇기에 더더욱 '거부권'을 현명하게 사용해야 한다.

· · ·

가족 문제는 아픈데도 아픈 줄을 모른다

가족 간의 문제일수록 단호하게 대처해야 한다고 이토록 간곡하게 얘기하는 것은 두 가지 이유 때문이다.

첫째는 자아의 채무감이다. 가족의 욕구를 들어주느라 자신의 욕구를 오랜 시간 방치하면 반드시 탈이 난다. 억눌린 욕구들이 이제는 내 이야기를 들어줘야 한다며 한꺼번에 채무를 갚길 요구하는 날이 반드시 찾아온다. 만약 이때도 내면의 목소리를 외면하면 무기력증, 번아웃증후군, 우울증이 따라와 일상생활 자체가 힘들어질 수도 있다.

고기도 먹어본 놈이 먹을 줄 안다고 했다. 한 번도 자신의 욕심대로 살아본 적이 없다면 어떻게 내면의 욕구를 알아차리고 자신을 다스릴 수 있을까? 쉬운 일이 아니다. 가족을 위해 노력하는 것도 소중한 인생이지만, 자신의 욕구를 들어주는 삶 또한 소중하다.

둘째는 가족에게 헌신하는 사람일수록 타인에게도 과잉 친절, 과잉 배려를 하는 서비스맨으로 살 가능성이 커지기 때문이다. 헌신의 양이 큰 사람은 다른 사람에게도 그만큼 헌신해야 마음이 편하다. 다행히 좋은 사람을 만난다면 집안에서 받지 못한 인정과 관심을 받겠지만, 그렇지 않다면? 내 헌신을 즐기고 당연하게 여기는 상대와 만났다면 이 사람의 인생은 도대체 뭐가 되겠는가? 그야말로 통각(痛覺)이 상실된 삶을 살 수도 있다.

통각은 고통스러운 감정을 느끼는 감각이다. 마음이 아픈데도 통증을 느끼지 못하는 것이다. 집에서는 가족에게 헌신하고, 집 밖에서는 타인에게 봉사하니 24시간 풀서비스를 하면서 사는 것과 같다. 흑과 백처럼 대비라도 되어야 마음이 아프다는 통증이 느껴지는데 24시간 내내 같은 포지션으로 살다보니 '그저 그러려니' 하게 되는 것이다.

진료실에서 가장 치료하기 힘든 환자가 '아픈데도 통증을 느끼지 못하는 사람'이다. 자신이 아프다는 것을 아는 것이 별것 아닌 것처럼 보이지만, 누군가에는 엄청난 시간과 노력을 투자해야만 알 수 있는 사실이다.

그러니 이런 지경에 이르지 않기 위해서라도 위험신호가 감지

이제는 너에게 이용당하지 않을 것이다

될 때 '스톱 버튼'을 눌러 '타인으로부터 자신으로' 방향 전환을 해 나가자. 그렇게 한다고 해서 가족의 삶이 무너지지도 않을뿐더러, 우리가 상상하는 것만큼 큰 비극이 일어나지도 않는다.

끝으로 만약 누군가가 "도대체 가족이 뭔가요?"라고 물으면 엄마는 엄마의 짐, 아빠는 아빠의 짐, 형제자매는 그들의 짐, 그리고 나는 나의 짐을 메고 함께 길을 가는 사이라고 답하겠다. 자기 몫에 맞는 짐을 짊어지는 것. 이것이 가족의 진정한 의미이며 화목으로 가는 최우선 조건이다.

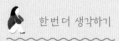

가족일수록
더욱 의도적인 관심이 필요하다

항상 자신을 신경써주고 가까이 지내왔던 상대에게서 어느 날 갑자기 '싸늘함'을 느낀다면 어떨 것 같은가? 어제까지 멀쩡히 살아있던 사람이 주검처럼 느껴지는 것과 비슷하지 않을까? 낯설고 불안하고 겁도 나고 일단은, 그냥 싫을 것이다. 대개는 가족 간에 이런 충격이 발생한다. 엄마가 예전 같지 않고, 언니가 어린 시절 그 언니가 아니고, 남편이 낯설게 느껴지고, 아내가 갑자기 변한 것 같은 충격.

이런 관계 속 충격에 대한 해석은 일반화해서 하나로 단정할 수는 없다. 그렇기는 하나 나 자신의 감각이 변하면서 그동안의 관계에 대한 새로운 자각에 도달했을 가능성에 먼저 주목해보길 바란다.

우리는 매일 관계를 맺고 산다고 얘기한다. 하지만 실제로 그 관계성을 '감각'하면서 사는 건 아니다. 타인에게 관심을 둔다는 게 쉽지 않은 법. 우리는 자기 자신에게 가장 관심이 크고 가장 볼일이 많기 때문이다. 특히 매일 보는 대상일수록 관심을 집중하기 어렵기 때문에 한참이 지나고 나서야 "그랬어? 몰랐어." 하는 말을 하게 된다.

아들이 달라진 낌새를 눈치 챈 엄마는 "너 요즘 무슨 일 있어?"라고 묻는다. 아들은 "아니요. 별일 없어요."라고 답한다. 엄마는 여기에 "알았어."라고 하지 않고 집요하게 물은 끝에 중요한 사실을 알아낸다. 그런데 그 단서가 되는 변화의 이유는 '요새 일'이 아닌 경우가 많다. 그만큼 우리는 상대에게 벌어지는 일을, 특히나 그것이 그 사람 내면에서 집중적으로 일어나는 일일 경우 잘 알지 못한다. 그러고는 "말을 하지 그랬어?"라고 얘기한다. 사실이 그렇다. 상대에게 이야기하지 않으면, 상대는 모른다.

한편으로는 이런 의문도 든다. 왜 진즉에 물어보지 않았는가? 묻는 것은 상대에게 몸을 기울이는 것이며 가까워지기 위한 시작이다. 몸을 기울이지 않고 곧추세운 상태에서 친밀해진다는 것은 모순이다. 흔히 경상도 남자라서 그렇다, 원래 성격이 무뚝뚝하다고 하는데 이런 사람의 경우 친밀함의 욕구는 있으나 친밀해지는 법을 모르거나 서툰 경우일 수 있다.

처음 시작은 '질문'이다. 어린아이들은 질문이 많다.

"엄마, 엄마, 이거 뭐예요? 이것 보세요. 이건 뭐예요?"

처음 보는 사물, 처음 보는 사람들에게 관심을 보인다. 신기해하고 적극적으로 반응을 보인다. 늘 마음의 문이 열려 있다. 관계를 맺을 준비가 항시 되어 있다. 그런데 자라면서 질문하는 법을 잊는다. 그리고 관계로 가는 길 역시 잃어버린다. 그 길은 가시덤불과 잡초로 덮인 채 오랜 시간 방치된다. 점차 자기 자신에게 몰두하고 타인을 향한 관심은 줄어든다. 그래서 관계의 연결고리들이 없어지는 것이다. 손이 있어야 맞잡을 텐데 말이다.

관계의 출발은 마음으로부터 우러나오는 질문이다. 질문을 하려면 제일 먼저 바라봐야 한다. 보고 궁금해하는 것, 그래서 다가서고 알려고 하는 것. 여기에 물리적인 거리가 더해지고 시간이 쌓여서 버무려질 때 관계가 점차 무르익는 것이다.

이제껏 너를 친구라고 생각했는데

빨간 머리 앤과
다이애나는 없다

모태친구에 대한 환상

· · ·

나는 오늘 14년 절친과 헤어졌습니다

병원 위치가 직장인들이 많은 곳이다 보니 환자들 상당수가 30대, 40대이다. 언제부턴가 이들이 반복적으로 꺼내는 화두가 하나 있는데 이른바 '오랜 친구'다. 누군가는 절친이라 했고, 누군가는 베프('베스트프렌드'의 줄임말)라 말했고, 누군가는 단짝이라 불렀다.

"얼마 전에 14년 절친과 헤어졌어요."

"10년 지기 베프한테 절교 통보를 받았습니다."

이야기의 시작은 이랬고, 다음 말은 대부분 이것이었다.

이제는 너에게 이용당하지 않을 것이다

"그런데 왜 절교를 당한 건지 모르겠어요"

왜 그랬을까. 어쩌다 그렇게 됐을까. 오랜 친구를 떠나보내게 되는 계기는 대단한 사건들이 아니다. 빌려준 돈을 받지 못해서도 아니고, 그 친구가 애인을 빼앗아갔기 때문도 아니다. 사소한 것들이 초겨울 눈이 쌓이듯 소복이 쌓이고 쌓여 지붕을 내려앉힌다.

"제가 왜 갑자기 절교를 당한 건지 모르겠어요. 좀 어이가 없네요."

30대 직장인 미현 씨는 화를 냈다가 한숨을 내쉬었다가 눈물을 글썽이기를 반복했다. 당혹스러움이 그대로 느껴졌다.

"특별한 일이 없었나요? 그럼 절교 통보가 있기 전에 어떤 얘기를 나눈 건가요?"

"글쎄요. 그냥… 늘 하던 얘기였어요."

"예를 들면요?"

"회사 일이 힘들다, 연봉이 안 오른다, 부장이 너무 이상하다, 뭐 그런 얘기죠."

"그 친구는 뭐라고 했는데요?"

"늘 그랬듯이 잘 들어주더라고요. 그래서 제가 힘든 일이 있을 때마다 이 친구를 불러내거든요. 그러다가 이 친구가 자기는 내 연봉의 반이라도 되면 좋겠다고 한마디 하기에 제가 그랬죠."

"뭐라고요?"

이제껏 너를 친구라고 생각했는데

"너랑 내가 같니, 라고요."

· · ·

친구, 그때는 맞고 지금은 틀리다

분명 10대나 20대에는 좋은 벗이었으나 지금은 아닐 수 있다. 어릴 때는 환경도, 고민도, 목표도, 심지어 주위 사람까지 모든 것이 비슷하다. 하지만 지금은 다르다. 배경도 다르고, 만나는 사람도 다르고, 고민도 다르고, 사회적 위치도 다르다.

"우리 애가 이번에 학교에서 말이야."

"지겨워. 아이 얘기 좀 그만해. 너 내가 회사에서 무슨 일이 있었는지 알아?"

서로의 주 관심사가 같지 않다.

"이번 연휴에 하와이 가서 한 일주일 쉬다 오려고. 비치웨어랑 전부 새로 사야 하는데 백화점에 같이 가자."

"안 돼…. 나 하루 장사 쉬면 손님 떨어져."

인정하기 힘들 거다. 하지만 받아들여야 한다. 더 이상 함께할 것도 공감할 것도 없다는 것을, 너와 나는 다른 인생이라는 사실을. 미현 씨의 얘기를 다시 보자.

"너랑 내가 같니?"

아마도 미현 씨 친구의 마음을 돌아서게 한 결정타는 이것이었을 것이다. 이 여섯 음절에 모든 죄를 뒤집어씌울 순 없다. 미현 씨는 아마 10대 때부터 꾸준히 비슷한 취지의 말을 했을 것이고, 최소한 그런 마음으로 상대를 대해왔을 것이다. 어릴 때는 괜찮았을지 모른다. 아니 덮었을지도 모른다. '우린 친하니까, 내가 너무 편하니까 저런 말을 하는 거겠지.' 애써 합리화했을 것이다. 하지만 이제는 아니다. 우리를 둘러싼 모든 것이 변했고, 그 안의 나 또한 변했고, 그래서 전처럼 쉬이 고개를 끄덕일 수가 없다. 그래서 그날, 절교를 선언한 친구의 혀끝에 기어이 모진 한마디가 맺혔을 것이다.

"나는 이제 너의 그 말이 거슬린다."

· · ·

너무 오래돼서 너무 익숙해서 몰랐던
너와 나의 관계

누군가가 그랬다. 관계에도 생로병사가 있다고. 살면서 새로운 관계가 끝없이 형성되듯 관계 또한 저물 수 있다. 우리는 그 사실을 제대로 인지하지 못할 뿐이다.

이제껏 너를 친구라고 생각했는데

"네가 하는 게 그렇지 뭐. 왜 헛꿈을 꾸고 그래?"

"야 너 할 일 없지? 나 좀 데리러 와."

친구의 늘상 하던 입버릇이, 익숙한 행동이 어느 날 가슴에 칼이 되어 박혀올 때가 있다. 자신도 깨닫지 못했던 분노가 차오르고 차올라 폭발하는 순간, 문득 이런 생각이 떠오른다.

'너는, 나에게 좋은 친구가 아니었구나.'

이런 쓰라린 결론에 다다르면 처음에는 '내 곁에는 아무도 없구나. 아니, 처음부터 아무도 없었구나.' 하는 허무함에 빠진다. 그렇다면 차라리 홀가분한 마음으로 관계를 정리할 수 있어 다행이다. 문제는 상대가 나에게 좋은 친구가 아니라는 결론에 다다랐음에도 불구하고 관계를 포기할 수 없을 때다.

"함께한 게 몇 년인데…."

"어린 시절 추억을 공유할 사람이 그 애밖에 없는데 어떻게 정리를 해?"

"오래 만난 친구는 걔 하나밖에 없어요. 얘마저 안 만나면 전 베프가 없잖아요."

이런저런 이유가 발목을 잡는다. 더구나 상대가 여전히 나를 원하는 상황이면 더욱 정리가 어렵다.

'이렇게나 나를 원하는데 말이야. 나도 이 친구와 함께한 추억이 싫은 건 아니고…. 그냥 이 친구 곁에 계속 남을까?'

이제는 너에게 이용당하지 않을 것이다

상대가 나를 필요로 하는 것에 얕은 우월감마저 느끼며 슬쩍 예전 관계로 돌아갈까 생각한다.

• • •

빨간 머리 앤과 다이애나의 환상

오랜 친구는 오랜 습관과 같다. 바꾸거나 끊어내는 데는 당연히 큰 에너지가 필요하다.

'오늘 너무 힘들었는데 전화해서 수다나 떨까? 아 참, 우리 절교했지….'

자신도 모르게 휴대전화를 들어올렸다가 내려놓는다. 불안하고 힘들다. 서운함과 그리움이 교차한다. 이렇게 아픈 걸 왜 꼭 해야 하지? 10년 넘게 그래왔는데 그냥 살던 대로 살면 되지 않을까? 그래도 된다. 본인의 선택이다. 화나는 순간도 있었겠지만 그 친구 덕에 즐거운 순간도 많았을 테니까. 지금껏 그래왔던 대로 참고 버티면 될 테니까.

하지만 나는 그런 관계를 권하지 않는다. 껍데기만 있고 속이 텅 빈 관계는 언제고 금이 가거나 깨지거나 부서진다. 오래 만나왔다고 해서, 많은 것을 공유해왔다고 해서 모두 친구인 건 아니다.

이제는 너에게 이용당하지 않을 것이다

진짜 관계인 것도 아니다. 서로가 서로를 존중하고, 서로가 서로를 '그것'이 아닌 '너와 나'로 바라볼 때 그것이 진정한 사람과 사람의 관계다.

모든 관계를 끌어안을 순 없다. 나를 지키고 나를 살리는 좋은 관계는 가져가고, 나를 아프게 하고 주저앉게 하고 자존감을 무너뜨리는 관계는 접는 것이 맞다. 새로운 사람을 내 안에 들이기 위해서라도 나쁜 것을 비운 후 공간을 만들어야 한다.

빨간 머리 앤과 다이애나 같은 운명의 친구, 영원히 함께하는 단짝이란 존재가 현실에 항상 존재하는 건 아니다. 친구 또한 내가 선택하고 결정하는 존재일 뿐이다. 친구도 선택이다. 직접 만나고 경험해서 스스로 친구를 택할 수 있다는 것, 이런 인식의 전환이 필요하다.

· · ·

마음속의 모태 친구를 떠나보내는 법

미현 씨는 절친의 절교 통보에 한동안 힘들어했고 그 때문에 여러 번 상담을 받았다.

"왜 이렇게 힘들죠? 뭘 어떻게 해야 할지 모르겠어요. 하루에 열

두 번 연락하고 싶다가도 자존심 상하게 내가 왜 이래야 하나 싶기도 하고. 이게 무슨 마음인지 모르겠어요."

그저 순하고 순순했던 10대 아이는 20대, 30대가 되고 성장하면서 여러 사람, 여러 모임을 접한다. 다양해지는 경험에 비례해 자기 주장이 생기고 자기 고집도 생긴다. 그럼으로써 자기 생각이나 감정을 이전보다 스스럼없이 내비치는데, 이때부터 '오랜 벗'과 사이가 틀어지는 일이 생긴다. '예전에 알던 내 친구가 아니네.'라는 묘한 불편함을 느낀다. 노골적으로 말하면 이런 것이다.

"착해 빠졌던 너, 나는 예전 그 모습이 좋아."

사람들은 보통 오랫동안 알고 지낸 사람의 변화를 쉽게 받아들이지 못한다. 익숙한 친구에게서 풍기는 '낯선 분위기'가 반갑지 않은 것이다. 만약 친구가 성장하는 모습, 혹은 변해가는 모습이 불편하게 느껴진다면, 불편함을 넘어서서 인정하고 싶지 않다면, 한 번 생각해보자. '나는 눈앞의 친구를 있는 그대로 받아들이고 있는가? 받아들일 수 있는가?' 만약 받아들일 수 없다는 결론에 이른다면 붙들고 있는 건 순전히 자기 욕심이다. 변한 친구는 예전 모습으로 돌아오지 않는다.

예전 모습을 요구하는 나, 변화한 모습을 고수하는 친구, 이 둘의 충돌은 생각보다 깊은 상처를 남긴다. 더욱이 이 싸움에서는 친구가 백전백승이다. 평소엔 안 그랬던 친구가 자기 목소리를 내기

이제는 너에게 이용당하지 않을 것이다

시작했다면 친구는 그 목소리를 지지해줄 '좋은 그룹'을 가졌을 가능성이 크다. 굳이 당신이 옆에 있지 않아도 된다는 얘기다. 그러니 오래 알고 지냈다는 이유만으로, 그동안 나는 편했다는 이유로 친구를 마음대로 바꾸겠다는 욕심은 버리자. 대신 자신도 모르게 그 친구를 발판삼아 풀고 있던 자기 욕구나 필요를 혼자서 찬찬히 들여다보자. 그래야 지금 떠나보내고 나중에 받아들일 수 있다. 어느 날, 친구의 달라진 모습이 담담히 받아들여지고, 변화하고 발전하는 친구 모습을 진심으로 응원하게 될 때 그때 또 너와 나는 함께할 수 있는 것이다.

이제껏 너를 친구라고 생각했는데

가까운 친구의 성공이
나는 불편하다

질투의 파괴본능에서 살아남기

* * *

기쁨은 질투를 부르고, 슬픔은 약점이 된다

나는 아직 취업준비생인데 친구들이 대기업에 입사했다면 어떨까?
대학 동기 모임에서 친구들은 조직 생활이 너무 힘들다며 우는소
리를 해대고, "회사에서 세금을 너무 많이 떼어가 열 받는다.", "무
슨 차를 뽑아야 할지 고민이다." 하는 얘기를 떠들어댄다. 얼핏 불
만 같지만 사실은 자랑 같은 얘기들.

'왜 내 이야기가 되지 못한 걸까?'

친구의 성장이 내게는 질투의 불쏘시개가 되고야 만다.

이제는 너에게 이용당하지 않을 것이다

"기쁨은 질투를 부르고, 슬픔은 약점이 된다."는 문구가 온라인에서 유행한 적이 있다. 같은 위치에 있던 누군가가 먼저 위로 올라서는 순간, 벗에서 적이 되는 현실을 적나라하게 표현한 말이다.

사촌이 땅을 사면 배가 아프다는 건 오래된 이야기다. 정신분석학자 멜라니 클라인(Melanie Klein)은 인간의 감정 중 부러움, 선망, 시기심(envy)에 특히 주목했는데 정신분석에서 '시기심'을 따로 명명한 것은 특히 그 파괴력에 초점을 맞추었을 때다. 내가 갖지 못한 것을 가진 상대를 발견했을 때 내면에서 스멀스멀 올라오는 감정을 성숙하게 다루지 못하면, 그 감정은 사람을 뿌리부터 힘들게 하고 급기야는 파괴적으로 만든다.

여기서 문제가 되는 것은, 이 파괴가 상대는 물론이고 자기 자신을 향하기 때문이다. 그래서 사람들은 부러움, 질투, 시기심으로 불리는 종류의 감정을 다루기 힘들어할 뿐 아니라 느끼는 것조차 싫어한다. 피할 수만 있다면 피하고 싶다. 그러려면 경쟁에 끼지 않는 것이 최선인 것 같고, 사람이 많은 곳을 피하는 게 상책인 것도 같다. 그래서 자신만의 무인도를 찾아 성을 쌓고 거기에 '독립 공간'이란 이름을 붙인 뒤 '개성'이라 부르며 사는 사람도 있다.

사실 부러워하는 마음 자체는 나쁜 게 아니다. 오히려 좋은 것이라고 보아야 한다. 더 성장하고 싶고 더 나아지고 싶은 욕구가 있기 때문에 생기는 감정이기 때문이다. 말 그대로 살아있다는 증거

이기도 하다. 문제는 그런 감정을 다루는 마음 그릇이다. 제대로 담아내지 못하고 적절히 쓰지 못할 때 타인이 가진 그것을, 타인 그 자체를, 그리고 자기 자신을 망가뜨린다.

· · ·

서른 이후 성장하는 사람,
서른에서 멈추는 사람

서른 살까지는 대체로 무언가를 얻기 위해 고군분투하며 질주한다. 그 무언가는 커리어나 스펙일 수 있고 연애나 결혼일 수도 있다. 문제는 서른 즈음부터다. 이때부터 인생의 길이 극명하게 갈린다. 서른 즈음에 정체기를 맞아 성장이 멈추는 사람이 있는가 하면, 쌓아 올린 것을 밑거름 삼아 성장을 지속하는 사람도 있다.

물론 이것이 마지막 경기는 아니다. 다음 기회는 얼마든지 있다. 그러나 '첫 경기'는 항상 의미 있고 그래서 특별하다. 매일 붙어 다니는 친구와 자신의 인생이 처음으로 대비되는 순간, 기분이 썩 유쾌하지만은 않은 이유다. 성장을 지속하는 쪽이라면 상관없겠으나 반대쪽이라면 낯선 통증이 찾아온다.

'내가 더 좋은 대학을 나왔는데, 내가 더 좋은 회사에 다녔는데,

내가 더 잘나갔는데, 어째서?' 그렇게 되는 것이다. 출산이나 육아, 다른 사정 때문에 어쩔 수 없이 일을 그만두었다면 그때부터는 잠 못 이룰 날이 많아진다. 사회생활을 계속하는 친구의 당당함을 마주할 때마다 '미묘한 신경질'이 치민다. 미소 씨 경우처럼 말이다.

"중학교 친구들과 15년 넘게 계속해온 모임이 있어요. 고등학교에 진학하면서 인문계, 예술계, 실업계로 각자 다른 길을 가게 됐고요. 저는 인문계를 나와서 서울에 있는 여대를 나왔고, 친구들보다 취업도 결혼도 먼저 했어요."

"친구들이 미소 씨를 많이 부러워했겠네요."

"초년 운이 좋았는지 일이 잘 풀린 것 같아요. 결혼도 잘한 편이고."

"그런데 뭐가 문제인가요?"

"저도 제게 이런 마음이 있는지 몰랐는데, 요즘은 모임에 나가기가 싫어요. 예술계통으로 나간 친구는 제주도에서 사는데 최근에 책을 냈더라고요. 실업계를 졸업한 친구는 지방대학을 다녔는데, 5년간 이를 악물고 공부하더니 세무사 시험에 합격했고요."

"친구들이 다 잘 풀렸네요."

"솔직히 그렇게 잘될 줄 몰랐어요. 그냥저냥 살 줄 알았는데 저만 빼고 다들 뭔가 이뤄가는 느낌? 나는 그냥 집에 있는데 말이에요."

"비교가 되니 속상하죠. 그건 당연한 감정이에요."

이제껏 너를 친구라고 생각했는데

"뭣보다 애들이 SNS에 글을 자주 올려요. 전 과거 모습만 기억하는데, 친구들이 포스팅하는 글은 성과를 낸 현재 삶이니까. 전혀 다른 사람 같아요."

"친구들도 미소 씨를 부러워하고 있을 거예요. 다만 친구들은 그런 것에 익숙한 상태고 미소 씨는 다르죠. 줄곧 미소 씨는 '부러움을 받는 대상'이었는데, 지금은 친구들을 부러워하는 포지션이 됐으니까. 이런 포지션이 처음이라 받아들이는 데 시간이 필요해 보이네요."

· · ·

부러움을 인정할 때야
비로소 내가 원하는 게 보인다

미소 씨는 친구들의 페이스북에 들어가는 게 그렇게 떨린다고 한다. '설마 뭐 없겠지?'로 시작한 마음이 SNS에 접속한 뒤 '쿵' 하고 떨어지는 것 같다고. '난 그래도 좋은 남편 만나서 잘살고 있으니까.'라며 자기 위안을 하려 하지만 화려한 곳에서 화려한 사람들과 함께 선 친구의 모습은 쉽게 인정할 수 없는 것이다. 이런 상황이 오면 둘 다 힘들어진다. 성장이 멈춘 쪽은 친구의 잘나가는 모습이

꼴 보기 싫어 힘들고, 성장을 지속하는 쪽은 친구의 눈치를 봐야 하니 힘들다. 어떻게 하면 좋을까.

우선 미소 씨는 SNS와 거리를 둬야 한다. 친구들의 변화를 다만 절반이라도 받아들일 수 있을 때까지 말이다. 스트레스를 자처해서 받을 필요는 없지 않은가. 그다음에 할 일은 부러움을 인정하는 것이다. 그래야만 자신이 진짜 원하는 것이 무엇이고, 지금 자신이 가진 것이 무엇인지를 들여다볼 수 있다.

힘들겠지만 인정하고 이에 대처하는 자세를 가지면 사는 게 한결 수월해진다. 이런 감정에서 자유로운 사람은 없다. 그러니 "네가 샘이 나 죽겠어."라고 소리 내어 말하자. 이렇게 표현한다고 해서 절대 지는 게 아니다. 자신의 감정을 손에 올려다놓고 들여다볼 수만 있어도 충분하다. 처음에는 얼굴이 화끈거리겠지만 괜찮다. 갖고 싶은 것을 상대가 가졌으니 감정이 요동치는 것은 당연하다. 중요한 건 그다음이다. 부러움이라는 감정의 바닥에 내가 진정 바라는 것, 나의 숨은 욕망이 똬리를 틀고 있음을 발견하게 된다.

나는 미소 씨에게 친구들의 사회적 트로피에 민감해진 이유가 어쩌면 사회생활에 대한 욕구가 간절하기 때문일 수 있다고 조언했다. 두 친구는 아직 싱글이다. 관점에 따라서는 미소 씨가 더 많은 성과를 냈다고 볼 수 있다. 이처럼 성가시고 불편한 '부러움이라는 덤불'을 인내심을 갖고 좇아가면 자신의 욕구와 필요에 더 솔직해지는 길이 열린다. 이 비밀을 깨닫는 것만으로도 불편한 마음은 한결 편해진다.

· · ·

부러움과 시기심을 넘어 '나만의 소우주' 만들기

참 어렵다. 본래 관계라는 것이 사람 뜻대로 되지 않는다. 그러니 마음대로 되지 않는 관계를 유지하느라 너무 많은 시간과 에너지를 희생시키진 말자. 그건 목적과 목표를 잃어버린 관계 강박일지 모른다.

더불어 중요한 한 가지. 현재 시기심에 휘말려 자신을 소진하는 중이라면 관계에 매몰되는 대신, 자기 자신에게 몰입하길 바란다. 사람 마음이란 게 그렇다. 내가 여유 있고 자신감이 있으면, 친구가 어디를 가든, SNS에서 무엇을 자랑하든 크게 신경 쓰이지 않는다.

그러니 비교하고 속상해하기보다 자신이 할 수 있는 일을 특화해 그 성과를 수면 위로 떠올리는 일에 집중하자. 자기만의 시간을 가지자. 문화센터에 가서 요리 강좌를 듣든, 도서관에 가서 소설을 읽든 꾸준히 1년만 하면 그것은 내 것이 된다. 나는 여기에 '나만의

소우주 갖기'라는 이름을 붙였다.

소우주를 가진 사람은 자아가 충만하다. 남과 비교 불가능한 달
란트를 가졌다는 이유만으로 타인의 영향권에서 자유로워지는 특
권을 얻는다. 이게 별것 아닌 것 같지만 '나만의 것'이 있다는 생각
이 관계에 미치는 영향은 대단하다. 특히 시기심 때문에 힘든 시간
을 보내면 자존감이 바닥을 치는데, 이때야말로 소우주를 갈고닦는
데 최적의 타이밍이다. 꽃꽂이도 좋고, 그림 그리기나 운동도 좋다.
무엇이든 하게 되면, 관계로 인해 일희일비하는 감정이 줄어든다.
무엇보다 당신을 떠난 사람이 다시 돌아왔을 때, 그에게 영향을 덜
받게끔 자신을 다지는 효과도 있다. 이것이 소우주가 관계에 제공
하는 최고의 미덕이다.

이제는 너에게 이용당하지 않을 것이다

나에게 잘해줬으니
그만큼 분노를 받아줘야 할까

감정의 채무관계

· · ·

나를 샌드백으로 여기는 상사

명훈 씨는 10년간 직장을 다니다 얼마 전 1년 휴직을 신청했다. 그가 정규직이 되도록 힘써준 사수이자 친한 사이이기도 한 팀장의 분노조절장애로 극심한 스트레스에 시달렸기 때문이다. 흔한 직장 스트레스처럼 보이나 명훈 씨 경우는 좀 달랐다.

"회사를 1년이나 쉬는 건가요?"

"네, 장기 근속자에게는 리프레시 휴가를 주거든요."

"명훈 씨를 힘들게 한 그분은 이 문제에 대해 아세요?"

"아마 본인 때문에 쉬는 줄은 모를 거예요. 그리고 제가 회사를 그만두는 것도 아니고요."

"그렇군요. 두 분 꽤 친하다고 하셨죠?"

"네, 제 사수이기도 했고, 또 저만 한 동생이 있다며 잘해주셨거든요. 그런데 한 번 성질을 내면 제가 감당이 안 되더라고요."

"구체적으로 어떻게요?"

"분이 풀릴 때까지 쏟아냈어요. 그게 평일이든 주말이든 상관없이요. 하루 종일 카톡 대화에 응해줘야 하고, 그게 안 되면 전화를 해요. 통화를 끝내면 1분 만에 전화가 또 오고 또 오고, 그렇게 몇 번이고 전화를 해요. 팀장님이 전화로 소리 지를 때마다 제 세포가 죽는 것 같다니까요."

"누가 봐도 문제 있는 행동인데요. 짚어드릴 필요가 있어요."

"그럴 순 없었어요. 전 특히나 받은 게 많았거든요. 그렇게 화를 내고 나면 또 미친 듯이 잘해줘요. 그럼 또 흐지부지 덮이고. 그런데 제 몸은 아니었나 봐요. 스트레스를 받으면 위와 장이 뒤틀리는데, 지난 3년간 위장약을 달고 살았어요. 이렇게 몸을 망치면서까지 기분을 맞춰줘야 하나, 싶다가도 남들도 다 이렇게 직장 생활하는데 나만 유난 떠는 건가 싶기도 하고. 지금 마음으론 그냥 1년 만이라도 벗어나고 싶어요."

이제는 너에게 이용당하지 않을 것이다

"그래도 뭔가를 해야 하지 않을까요? 지금이야 떨어져 있어 괜찮다고 하지만, 결국 회사로 복귀할 거잖아요. 그럼 같은 일이 반복될 텐데요."

"저도 알아요. 이대로는 안 된다는 걸요."

. . .

그들의 과잉 친절에는 이유가 있다

명훈 씨 이야기에서도 알 수 있듯 욱하는 사람으로 인해 '다친 쪽'에서는 그들의 패턴에 만성화된 경향이 있다. 그만큼 그들은 상대방을 꼼짝못하게 만든다. 보통 욱하는 사람은 자신의 화가 온전히 수용되고 해결되면 언제 그랬냐는 듯 평화 모드로 진입한다. 그러고 나서는 상대에게 그렇게 잘할 수가 없다. 여기서 포인트는 화를 낸 것이 미안해서 베푸는 '무난한' 친절이 아니라는 점이다. 앞선 모든 상황을 잊게 할 만큼 '기대 이상'으로 잘해준다. 이런 과한 친절과 베풂을 받으면 자신도 모르는 새 다음과 같은 생각에 빠진다.

'원래 좋은 사람인데 내가 뭔가를 잘못했나 보다.'

'그렇게 나쁜 사람은 아닌데 말이야.'

이렇게 합리화 아닌 합리화를 하며 본인 역시 '가짜 평화'의 시기로 진입한다. 관계의 심각한 왜곡이 시작되는 지점이다. 당한 편에서 관계가 왜곡되는 과정과 요인을 알아채고 악순환의 고리에서 벗어날 때까지는, 이런 병적인 관계가 지속될 수밖에 없다. 그럼 어떻게 해야 이런 악순환에서 벗어날 수 있을까?

그들의 친절은 그들 나름의 보상일 뿐, 진심으로 당신을 위하는 마음에서 나온 것이 아니다. 왜 '분노의 순간'은 잊고 그들이 스스로에게 면죄부를 주고자 베푸는 가짜 친절에만 의미를 두는가. 가짜 친절을 100번 받는 것보다 단 한 번이라도 분노의 대상이 되지 않는 게 중요하다면, 여기에 맞춰서 의미부여를 해나가야 한다.

· · ·

언제까지 피해자 포지션으로 살아갈 것인가

무엇보다 뭔가가 잘못됐다는 인식을 붙드는 것이 중요하다. 가해자들이 실컷 화를 내놓고 변명이라고 내놓는 말들은 이런 식이다.

"집에 큰일이 터져서 그래."

"회사가 망해서 쫓겨나게 생겼는데 너 같으면 기분이 좋겠냐? 그러니까 네가 나한테 좀 잘해."

이건 잘못된 인과다. '아아, 그래서 나한테 화를 냈구나.'라는 생각을 해선 안 된다. 물론 같이 화를 내거나 관계를 끝내라는 의미도 아니다. 어쩔 수 없이 상대의 화를 받아주는 상황일지라도 이건 아니라는 생각은 붙들고 있어야 한다. 본인 스스로 당연한 것으로 받아들이면 상대에게 안 좋은 일이 생길 때마다 화살을 받아내는 포지션에서 벗어날 수가 없다.

그러다 만신창이가 되고 나서야 현실과 마주하게 된다. 그동안 자신이 눈 감고 있었음을 깨닫고 후회하면서 말이다. 더는 착한 포지션에 서지 마라. 상대가 당신을 함부로 대하고 분노를 해소하는 도구로 이용하는 동안, 당신은 자신을 위해 무엇을 했는가? 언제까지 자신을 약자의 위치에 놓고 거기서 한 발짝도 움직이지 않을 것인가 말이다.

계속 강조하지만, 상대의 행동에 대한 당신의 반응은 당신 스스로 선택하는 것이다. 누군가가 종로에서 뺨을 맞고 와서 당신에게 푸는 것 같으면 그 자리를 박차고 일어서라. 굳이 싸울 것도 없지만, 그렇다고 가만히 앉아 그 화를 뒤집어쓸 이유도 없다. 종종 관계에서 상처를 받고 오랜 시간 트라우마에서 벗어나지 못하는 사람들을 만난다. 그들의 공통점이 있다면 그렇게 다치는 동안 자신을 위해 아무것도 하지 않았다는 점이다. 그 사실만으로도 큰 상처가 될 수 있다.

이제껏 너를 친구라고 생각했는데

나쁜 사람은 보내고
좋은 사람은 남기는 몇 가지 기준

1. 진짜 관계는 유익을 논하지 않는다. 요구하지 않는다. '함께 존 재하는 강한 유대 감정'을 바탕으로 감정과 생각을 나누고 소 통한다. 진짜 감정들이 중요하다. 관계 유지에는 에너지가 든 다. 그렇지만 힘들고 괴로운 것이 아니라 '재미'와 '즐거움'이 있다. 상대방에게 어렵고 힘든 일이 생겼을 때 그것이 나를 무 겁게 하거나 괴롭힐 수 없다. 함께 염려하고 걱정하며 나눌 뿐 이다. 그리고 가능한 한 문제를 해결하고자 기꺼이 협력한다. 문제가 생길 때마다 짐스럽고 골치가 지끈지끈 아프다면 가족 이라 하더라도 진짜 관계가 아닐 가능성이 높다. 관계 맺고 있 는 사람에게 힘든 일, 어려운 일, 문제가 생겼을 때 관계에서 무슨 일이 일어나는지, 내 안에서 어떤 감정이 떠오르는지를 보면 관계의 진정성을 확인할 수 있다.

2. 배려는 타이밍이 중요하다. 타이밍을 고려하지 않는 배려는

가짜다. 상대가 원하는가의 여부를 묻지 않는 배려는 가짜다. 자기중심적인 선심 쓰기는 자기를 내보이고 싶은 욕구에서 나온 것이다. 진짜 배려는 절대 부담스럽지 않다.

시의적절함이 바탕이 된 배려, 나의 필요를 물어봐주는 배려가 진정한 배려다. 배려는 무언가를 많이 해주는 것, 뭘 많이 제공해주는 것이 아니라 그저 내 형편을 혹은 필요를 물어주는 것만으로도 충분할 때가 많다. 어른이면 대개 당신의 직접적인 도움 없이도 자기에게 필요한 것은 알아서들 할 줄 안다. 배려를 어떻게 해야 할지 모른다면, 이것저것 하려고 애쓰지 말고 그저 "뭐 도와드릴 게 있나요?", "필요한 거 있으세요?" 하고 질문만 던져라.

또한 진짜 배려는 사람에 따라 이랬다저랬다 하지 않는다.

"다른 사람에게는 참 배려를 잘하는 사람인데, 저한텐 안 그래요. 저만 무시하는 것 같아요."

그 사람은 진짜 배려를 하는 사람이 아니다. 진짜 배려는 사람을 골라가면서 하지 않는다. 자기 이득에 도움 될 사람에게만 베푸는 속물적 투자일 가능성이 높다.

3. 진짜 관계는 완벽함에 있지 않다. '좋고 싫음', '서로 다른 의견들'이 공존하고 충돌이 허용되는 것이 진짜 관계다. 논쟁도 없

고, 싸움도 없고, 조용한 관계는 수상하다. "No."라고 말할 수 있는 관계, 싫은 것을 싫다고 할 수 있는 관계, 부당한 느낌을 나눌 수 있는 관계, 그런 소통들이 관계 자체를 흔들지 않는 관계가 진정한 관계이자 동등함과 공정성이 살아 있는 관계 맺음이다.

4. 진정한 관계에서는 수직적 보고가 없다. 공유한다. 얼마만큼 나를 열어 보여야 할까, 하는 고민과 부담이 큰 이유는 나의 마음과 사정을 '공유'하고 싶다 차원이 아니라, 상사에게 하듯 수직적으로 '보고'하는 것으로 변질되었기 때문이다.

    진정한 관계에서 무엇을 얼마만큼 공유해야 한다는 법칙은 존재하지 않는다. 그저 '나누고픈, 공유하고 싶은 마음'이 있을 뿐이다. 내 감정, 내 느낌, 내가 경험한 좋은 것을 나누고 싶다는 생각이 들면 바로 그것을 공유하면 된다. 불편한 것은 굳이 나눌 필요가 없거나 심지어 나누어서는 안 될 것들일 가능성이 높다. 보고와 알림 의무가 있는 것처럼 생각된다면 관계의 진짜, 가짜를 따져보길 바란다. 다음을 기억하자.

    "나는 너에게 보고할 의무도, 알려야 할 의무도 없다."

    "나는 나누고 싶은 것을 나눈다."

2부

그와 그녀의
분노로부터

나를 지키는 법

1장

싫은 건 싫다고, 아닌 건 아니라고

사람과 사람 사이에도
손익계산서가 있다

물적자원과 심적자원의 교환

· · ·

나는 어쩌다 너의 쓰레기통이 되었을까

"하루아침에 어떻게 그래요. 10년 넘게 해온 게 있는데…."

힘들고 불편한데도 누군가의 '화받이', '짜증받이' 역할을 계속하는 사람이 있다. 스스로 그렇게 되기를 선택하는 셈이다. 왜 그럴까? 오랫동안 그렇게 해왔기 때문에? 관성의 법칙 때문에? 아니면 진심으로 그와의 인간적 교류가 좋아서? 이에 대한 답을 찾고 싶다면 다음을 자문해보길 바란다. 나는 왜 이 관계를 유지하는가?

다른 사람과의 문제를 풀고 싶다면, 그에 앞서 자신을 먼저 들여다보아야 한다. 자신이 처한 현실이 탄탄해야 마음도 잡히고 보일 것도 보인다. 그래서 나는 분노를 쏟아내는 사람과의 관계 악순환에서 벗어나기 위한 최우선 조건으로 '자신의 욕구 해결'을 꼽는다. 누가 봐도 뒤틀린 관계임에도 거기에서 빠져나오지 못하는 이유는 그 안에 '나의 욕구'가 들어 있기 때문이다.

앞선 사례의 명훈 씨만 봐도 그렇다. 명훈 씨를 분노받이로 사용하는 팀장은 그가 정규직이 되는 데 물심양면으로 도와준 적이 있다. 그 때문에 명훈 씨는 일방적인 관계에서 빠져나오지 못하는 것이다. 나는 명훈 씨에게 물었다.

"혹시 명훈 씨 마음속에서 정규직이라는 포지션과 팀장의 화를 받아내는 일을 '맞교환' 개념으로 받아들인 건 아닌가요?"

명훈 씨는 선뜻 답을 하지 못했다. 그렇게 생각한다면 이는 잘못된 합리화다. 또한 1년 휴직을 한다고 해서 달라질 문제가 아니다.

· · ·

너로 인해 무엇을 얻고 무엇을 잃었는가

이런 일은 공적인 관계에서만 빚어지지 않는다. 사적인 관계에서도 얼마든지 일어난다. 일방적으로 화를 쏟아내는 대상과의 관계가 고통스러우면서도 이를 유지하는 배경을 보면 이렇다.

"마음은 굴뚝같은데 같이 하는 모임이 있어서 안 돼요."

"걔 말고는 친구가 없어요."

"연인이 욱하기는 하지만 그것 빼고는 다 괜찮아요."

이 말을 찬찬히 살펴보면 부당한 관계를 놓을 수 없게 만드는 내 안의 '욕구'와 마주한다. 그 관계가 주는 심리적 이득이 있기 때문에 놓지 못하는 것이다.

자, 그럼 어느 정도 답이 나왔다. 자신이 저지른 실수나 잘못에 비해 상대에게 '과한 처벌'을 받는다면, 괜히 분위기에 휩쓸려 비위를 맞추지 말고 스스로의 입장을 정리해보자. 다른 사람이라면 이미 그 관계를 정리했거나, 적어도 자신을 지키기 위해 무언가를 했을 것이다. 그런데도 자신은 쏟아지는 소나기를 맞고만 있다면 감기라도 들지 않게 우산이라도 펼쳐 들어야 한다.

우선 종이 한 장과 펜을 들어라. 그런 다음 이 관계를 유지할 때 얻을 이익과 손실에 대해 적어라. 손실이 이익보다 눈에 띄게 크다면 오랜 관계에 변화를 일으킬 때가 된 것이다. 이 계산이 끝나야 비로소 '벗어날 용기'라도 내볼 수 있다. 허구한 날 타인의 분노만 받고 있다면 이 정도 계산은 필수다. 당신이 이 계산으로 얻을 수 있는 이익은 기껏해야 '안전'을 확보하는 것, 그 이상도 그 이하도 아니기 때문이다. 괜한 자책감을 가질 필요가 없다.

주말 친구를 평일 친구로,
그 사람의 영향력을 최소화하는 법

관계의 손익계산서가 정리됐다면 다음 스텝은 나를 지키는 시스템을 만드는 것이다. 나를 불편하게 만드는 사람이 있다면 그가 속한 모임에만 나가지 말고 다른 모임을 서너 개 만들어라. 즉 기존 관계 안에 머물되 그 관계가 주는 영향력을 최소화하는 것이다. 욱하는 사람을 당장 정리하기 어렵다면, 그 사람을 인생의 중앙부에서 주변부로 밀려나게는 해야 하지 않겠는가.

만날 대상이 여럿 있고 할 일이 많은 것만으로도 그 사람의 영향력으로부터 훨씬 더 자유로워진다. 나는 이 같은 방법을 '주말 친구를 평일 친구로' 만드는 전략이라고 부른다.

"이번 주말? 안 되겠는데. 음… 그냥 수요일 저녁에 보자."

주말이라는 소중한 시간은 내주지 않고 평일 저녁에 잠깐만 봐도 되는 사람으로 그 사람을 강등시키는 전략이다. 나를 그토록 힘들게 하는 존재에게 왜 금쪽같은 주말을 내주어야 하는가. 그냥 평일에 만나도 되는 사람으로 관계를 정리하는 것이다.

그런데 이렇게 되기 위해서는 주말에 정말로 선약이 잡혀야 한다. 아무 약속이 없는데 계속 평일로 약속을 잡는다는 게 생각보다 쉽지 않기 때문이다. 프랑스자수 모임이든 산악회든 정기적으로 주말에 가야 할 곳이 있으면 자연스럽게 약속을 평일로 유도할 수 있다. 이런 방법을 써서 중심부에서 주변부로, 주말에서 평일로 그 사람을 인생의 심장부에서 멀리 떨어트리는 것이다. 그래야 나를 지킬 수 있다.

특히 이 방법은 타인과 갈등 상황에 부닥치는 것을 싫어하고 싸울 용기가 부족한 사람에게 적합하다. 진료실에서 자신을 지키지 못해 아파하는 환자들과 만나면 깨닫는 것이 많은데, 그중 하나가 자신이 가진 자원의 양이나 질에 따라 삶의 손상 정도가 결정된다는 점이다.

"전 가슴이 콩알만 해서 싸울 엄두가 안 나요."

"굳이 큰소리 내고 싶지 않아요. 맞춰주다가 정 안 되면 도망치면 되잖아요."

이런 사람은 정면에 나서서 싸울 필요가 없다. 새로운 모임이나 취미 활동처럼 평상시에 '그 사람이 아니어도 되는 시스템'을 만드는 데 주력함으로써 자신을 보호하면 된다. 그렇게 하다보면 소나기를 피하려고 쌓은 성이 어느새 공고해져 폭풍도 견뎌낸다. 자기 기반이 튼튼하면 튼튼할수록 '그의 분노로부터' 내 삶이 적게 훼손되는 것은 당연한 이치다.

주기 위해 태어난 사람은 없다,
엄마조차도

손해에 둔감한 사람

· · ·

나는 너에게 준 만큼 돌려받고 싶다

"인간관계에서 제일 중요한 거요? 글쎄요. 형평성 아닌가요?"

관계에서 가장 중요한 건 공평함이라고 말하는 사람들이 있다. 이들은 배려를 배려에서 끝내지 않는다. 상대에게 그다음을 원한다. 그들의 배려는 무언가 반대급부를 염두에 둔 행동인 것이다. 교류가 일어날 때마다 이들 마음속에서는 끊임없이 저울질이 일어난다.

"매 순간 저울질을 한다고요? 힘들어서 어떻게 그러고 살아요?"

누군가는 그렇게 말할지 모른다. 하지만 실상은 그렇지 않다. 어

이제껏 너를 친구라고 생각했는데

떤 이에게는 번거롭고 머리 아픈 일이겠지만, 누군가에게는 그런 일이 물이 위에서 아래로 흐르는 것처럼 자연스럽다.

이들을 보면서 "너무 각박하다. 관계가 어떻게 50대 50이 되니?"라고 말하겠는가? 안타깝게도 그렇게 생각하는 사람일수록 함께 식사한 자리에서 먼저 돈을 낼 가능성이 크다.

"차라리 내가 돈을 내고 말지."

그렇게 하는 것이 덜 소모적이라고 느끼기 때문이다. 하지만 손톱만큼도 손해 보기 싫은 편에서는 어쩌다 자신이 조금 더 많이 주거나 자신이 준 만큼 받지 못하면 스트레스를 받는다. 그게 싫어서 매번 가늠하는 것이다. 이들은 자신이 상대에게 준 것을, 그리고 상대로부터 받은 것을 재빨리 계산하여 정리하는 게 가장 속이 편하다. 참으로 셈이 밝은 사람이다. 그럼 이들은 어떤 사람과 어울릴까?

유유상종이라고, 같은 성향의 사람들이 잘 맞을 것 같지만 의외로 반대 성향끼리 어울리는 경우가 많다. 손톱만큼도 손해 보기 싫은 편과 손해에 둔감한 편이 짝을 이루는 것이다. 이런 경우 어떤 식으로든 문제가 일어날 수밖에 없다. 매일 만나던 친구와 냉전 중인 세경 씨가 그렇다.

···

결국은 많이 준 쪽이 먼저 폭발한다

"처음에는 제가 그냥 더 내면 된다고 생각했어요. 친구니까요. 그런데 2년 정도 지나니 제가 더 내는 걸 너무 당연하게 생각하더라고요. 이제는 자기도 잘 벌면서 말이에요. 저보다 차도 먼저 샀어요. 뭐 영업을 하는 애니까 차가 필수라 그건 상관없어요. 문제는 돈 문제만 이기적인 게 아니라는 거예요. 저는 분당에 살고 친구는 강남에 사는데 늘 자기 집이나 회사 근처로 약속을 잡아요. 신분당선이 뚫려서 20분이면 올 수 있는 거리인데도 친구는 싫대요. 아니면 저에게 데리러 오라는데 제가 운전기사도 아니고 참."

친구와 거리를 두기 시작한 세경 씨를 보면서 '어디서 본 듯한 장면'처럼 기시감이 들었다. 진료실 안팎에서 만나는 절반의 사연과 겹쳐진 덕분이다.

한 가지 알아야 할 게 먼저 폭발하는 쪽이 사실은 손해에 둔감한 쪽이라는 것이다. 이건 상대를 통해 원하는 것을 얻어내는 쪽이든, 결국에 터지고 마는 세경 씨 쪽이든 둘 다 알아야 할 진실이다. 그렇다면 어떻게 이처럼 다른 두 사람이 친구가 되었을까?

"세경 씨 이야기를 들으면 그간 두 사람 사이에 돈이나 약속 장소 같은 꽤 민감한 이슈들이 부딪쳐왔어요. 오랫동안 일방적이었던 것 같은데 그럼에도 관계를 지킨 이유가 뭔지 궁금하네요. 세경 씨도 친구와의 관계에서 얻는 게 있지 않았을까요?"

"음, 서로 노는 스타일이 잘 맞았던 거요? 그것 말고는 생각나는 게 없어요."

"그럼 같이 시간을 보내는 즐거움, 재미 이런 게 있었겠네요. 관계에서 주고받는 것이 꼭 물리적인 것만은 아니거든요. 세경 씨가 물리적인 자원을 더 많이 준 대신, 친구에게서 심리적인 자원을 더 받았을 수도 있어요."

세경 씨 입장에선 내 말이 직선적으로 들렸을지 모른다. 하지만 인간은 본래 이기적이다. 눈에 드러나는 손해 이면에는 자신 역시 '얻는 것'이 있었을 것이다. 그렇지 않다면 세경 씨는 2년 내내 친구에게 봉사한 것밖에 되지 않는다. 처음부터 봉사할 마음이었다면 기대 또한 없었을 것이니 실망이나 상처라는 감정 또한 생겨나지 않았을 것이다. 분명 그 친구와 만나면 즐겁고 내 무언가가 채워졌기에 유지비용을 더 치러서라도 여기까지 끌고 온 게 아니겠는가.

167   그와 그녀의 분노로부터 나를 지키는 법

...

항상 주기만 한 나,
사실은 받고 있었던 건 아닐까

앞서 '심리적인 자원'이라 얘기했는데 그 대표적인 것이 주는 데서 오는 만족감이다. 세경 씨는 주고받는 것에 치열하게 머리를 굴리는 친구를 보며 답답해하면서도 한편으로는 딱한 사람, 좋게 표현해서 '내가 돌봐야 할 대상'으로 보았을 것이다. 상대는 자기 본능, 자기 보호에 충실했을 뿐인데 말이다.

그러니까 세경 씨는 자신도 모르는 사이 손해에 연연해하고 안달하는 친구를 무시하면서 자기 위안으로 삼았을 수 있다. 어쩌면 손톱만큼도 손해 보기 싫은 쪽은 매 순간 자기 잇속을 계산하는 쪽이 아닌, 애초부터 손해에 둔감하게 행동하는 쪽인지도 모른다. 그간 손해 보기 싫은 마음을 억눌러야 하는 마음속 사정 때문에 자신도 모르게 꼭꼭 숨겨둔 것일 뿐. 정말로 손해에 둔감하다면 갈등 상황이 왔을 때 관계를 단절하거나 중단시키지 않는다. 금방 풀리거나 친구에게 서운함을 이야기하는 정도로 마무리할 것이기 때문이다.

그럼 왜 내내 참다가 어느 순간 본심에 충실해지는 걸까? 여러 이유가 있겠으나 폭발할 수밖에 없는 상황이 온 게 직접적인 이유다. 쌓이고 쌓여, 흐르고 흘러 제한 용량을 넘은 건지도 모른다. 그

이제껏 너를 친구라고 생각했는데

제야 외치는 거다.

"더는 쟤 때문에 손해 보기 싫어!"

"이만했으면 그만해도 되는 거잖아."

이것이 본심이다. 흘러넘쳐 본인이 감당할 수 없을 지경에 이르러서야 본심을 인정하게 된다. 스스로 자기 마음대로 해도 될 만한 명분이 필요했던 거다. 명분이 필요한 차에 계속해서 상대가 받기만 하고 내 한계 용량은 초과했으니 그제야 '본심에 따를 용기'가 난 것이다.

어쩌면 당신에겐
뒤끝이 필요한지도 몰라요

'감정 조절'의 진짜 의미

· · ·

그 자리에서 폭발해야 직성이 풀리는 사람

화가 나면 무조건 터트리는 사람들이 있다. 주위 사람, 주위 상황 보지 않고 일단 폭발시키고 보는 것이다.

"다른 사람 생각은 안 해요? 그 자리에서 그렇게 화를 내면 어떻게 해요?"

"속에서 불이 나는데, 다른 사람 배려할 겨를이 어디 있어요?"

이 상황에서 피해는 온전히 가족, 친구, 동료들에게 돌아간다. 조언을 받아들이는 사람도 있지만, 상당수는 반발한다.

이제껏 너를 친구라고 생각했는데

"제 성질이 원래 이런데 어쩌라고요!"

자기 직성이니 본인도 어쩔 수 없단 얘기다. 원래 그렇게 생겨 먹었으니 듣는 사람이 참으라는 뒷말이 생략된 셈이다. 직성(直星). 본디 타고난 성질이자 성미이니 어쩔 수 없다, 그런 뜻인데 그런데 의문이 든다. 정말 그럴까?

앞에서 피해는 온전히 주위 사람들이 받는다고 했지만, 사실 조금만 떨어져서 상황을 바라보면 그렇지만은 않다. 앞뒤 없이 화를 쏟아낸 결과는 날카로운 창이 되어 결국 본인을 향한다. 사내 평판이 안 좋아지고, 친구들이 떠나고, 가족마저 예전 같지 않다. 누굴 탓할 것도 없이 자업자득이다. 한 내담자가 물었다.

"속에 담고 있자니 제가 죽을 거 같고요. 하던 대로 그 자리에서 풀자니 관계가 망가지고요. 도대체 어떻게 하면 좋을까요?"

"화를 있는 그대로 받아들이세요."

"네? 화를 받아들이라고요? 무슨 말이죠? 참으란 얘긴가요? 아니면 그냥 쏟아내란 얘긴가요?"

둘 다 아니다. 이런 처방을 내렸을 때 대부분 비슷한 반응을 보인다. 사실 사람들 대부분이 화를 온전히 받아들이라는 말을 화가 풀릴 때까지 쏟아내거나 화를 꾹꾹 억누르는 것과 구분하지 못한다. 이것이 문제의 핵심이다. 그래서 많은 이들이 화에 대해 마음을 닫고는 존재 자체를 부정한다. 화의 싹을 잘라버리고, 밟아버리고, 없애버리려고 안간힘을 쓴다. 그게 안 되면 도망가거나 피해버린다.

· · ·

'감정을 조절하라'는 말의 오해

흔히 소통이라고 하면 해피엔딩을 떠올린다. 서로 대화를 해서 원하는 바를 얻게끔 하는 것이 소통의 일반적인 개념인데, 너무 긍정적인 부분만을 강조하는 경향이 있다. 현실에서 '너도 좋고 나도 좋은 대화'를 할 기회가 과연 얼마나 있을까. 오히려 잘 싸우고, 화해하고, 현명하게 져주는 법을 '소통 강좌'에서 알려줘야 한다. 나는 여기에 동참하는 의미로 이렇게 말하고 싶다. 분노도 일종의 소통이니 베란다에 내놓은 '화'라는 감정을 집 안으로 들여놓으라고 말이다.

'화를 수용하는 능력(Capacity for Anger)'은 우리가 존중하며 키워나가야 할 인간 본연의 능력이다. 치료할 때도 화를 제대로 느끼는 사람이 무감한 사람보다 진전이 빠르다. 화는 받아들이고 느끼는 감정이다. 밖으로 내쫓거나 꾹꾹 눌러야 하는 감정이 아니다. 바로 여기에서부터 시작해야 한다.

화를 내 것으로 인정하고 받아들일 준비가 되었다면 다음은 화난 이유를 가려내어 그에 걸맞게 화를 잘 내는 방법을 배우는 것이다. 그렇다면 화를 잘 내고 잘 표현한다는 것은 무슨 말일까?

놀랍게도 화를 다루는 능력은 자신을 배려하고 자신을 믿는 데서 나온다. 화를 표현하는 데 미숙할수록 자신을 더 많이 손상시킨다. 싸워야 할 대상은 화 자체가 아니라 파괴적인 화풀이 또는 화를 억압하는 일이다. 말이 쉽지 이게 참 어렵다. 그래서 왜 그런가 하고 곰곰이 생각해봤더니 감정을 조절하라는 지침이 주는 혼란 때문이다. 이 개념이 얼마나 많은 사람을 우왕좌왕하게 만드는지 모른다.

예를 들어 자신을 억압하는 사람에게 감정을 조절하라고 하면 '화가 나도 참아야 한다.'고 해석한다. 반대로 화를 마구 분출하는 사람에게 감정을 조절하라고 하면 이것을 '뒤끝 없이 청소하라.'는 의미로 해석한다. 귀에 걸면 귀걸이, 코에 걸면 코걸이다.

이참에 정리하자면, 기쁨이 됐든 분노가 됐든 감정은 조절할 수 있는 대상이 아니다. 오해를 바로잡자. 우리가 조절해야 하는 것은 감정 자체가 아니라 감정 표현(Expression of Emotion)이다. 즉 표현하는 방법을 알아야 한다. 반복해서 말하지만 감정이란 수용하는 것이고 느끼는 것이다. 여기에는 어떤 책임이나 잘잘못도 없다. 다만 감정에 수반되는 행동을 결정할 책임만이 있을 뿐이다.

...

관계를 지키고 싶다면
오히려 뒤끝을 가져야 한다

화에는 건설적인 화와 해악을 끼치는 화가 있다. 차이는 화라는 감정 자체에 있는 게 아니라 화를 내는 '목적'에 있다. 화를 표현하는 이유가 관계를 세우기 위해서라면 '긍정적인 화'지만, 자기 욕구만 내세우는 화라면 '부정적인 화'다.

스스로 자신의 욕구만을 중시했다는 생각이 든다면 슬로투앵거(Slow to Anger), 즉 늦게 화를 내도록 노력해야 한다. 슬로푸드(Slow food)가 육체 건강에 좋듯 슬로투앵거 역시 정신 건강에 좋다. 그동안 타오르는 감정을 터트리는 데만 집중했다면, 잠시 화를 머금고 그 관계를 지켜야 하는 이유에 대해 생각해보는 것이다. 눈치챘겠지만 이런 뒤끝을 가져야 하는 이유는 자신과 타인, 그리고 지키고 싶은 것들을 파괴하지 않기 위해서다. 당신이 그간 화를 참지 않고 터트려왔다면, 뒤끝을 가지는 것이야말로 건강한 관계를 지켜내는 길이다.

"다른 거 없어요. 뒤끝을 갖는 게 곧 상대에 대한 예의이자 배려예요."

이렇게 이야기하면 대체로 수긍한다. 이 수긍 안에는 '내 분노를

당장 해소하고 싶은 욕구'만큼 '이 욕구를 보류해서라도 지키고 싶은 대상'이 있다는 시그널이 들어 있다. 정말 좋은 사람을 곁에 두는 것. 어쩌면 분노를 잠재우는 데 이것만큼 강력한 처방도 없을 것이다.

분노를 느끼지 못하는 것도
병이다

어쩌면 당신도 감정 난독증

. . .

전 괜찮아요,
그런데 이상하게 몸이 아프네요

정신분석 용어 중에 '거짓자기(False Self)'가 있다. 거짓자기는 '참자기(True Self)'의 반대말로 본래의 '나'가 아닌 타인이 원하는 상에 맞춰진 자기를 말한다. 아기는 원하는 것을 얻기 위해 울거나 떼를 쓰는데 이때 부모가 이를 충분히 받아주지 않으면 '절제'라는 것을 하기 시작한다. 그런데 이것이 심화하면 아이가 어른이 되었을 때 자기 욕구를 실현하는 데 서툰 모습을 보인다. 진정으로 자신이 원하

그와 그녀의 분노로부터 나를 지키는 법

는 삶을 살기보다 그저 타인에 의해 주어진 삶만을 열심히 살아간다. 이때 나타나는 증상 중 하나가 마땅히 느껴야 할 정서나 기분을 느끼지 못하는 것이다.

그런데 보통은 자신에게 이런 문제가 있음을 알아채지 못한다. 신체 이상을 맞닥뜨리고 나서야 뒤늦게 자신의 상태를 알게 된다. 밖으로 내뿜는 것만이 분노가 아니다. 분노에는 양성 분노와 음성 분노가 있다. 음성 분노는 화병처럼 감정 형태가 아니라 신체 이상으로 표현된다. 몸이 곯아 들어가는 것이다.

"글쎄요. 제 감정을 잘 모르겠어요."

감정 난독증을 호소하는 직장인이 늘고 있다. 전에는 "상사 때문에 스트레스 받아요."라며 힘든 감정을 토로하는 경우가 많았다면, 최근 들어서는 "마음은 아무렇지도 않은데 편두통이 심해요.", "이상하게 그 사람을 만나고 오면 속이 쓰려요."와 같은 고민 상담이 늘었다. 요지는 마음은 상관없는데 몸이 이상하게 아프다는 얘기다.

감정의 배출구가 막혔을 때 몸은 감정의 무게까지 감당한다. 이는 단순히 분노를 참는 것과는 구별되는 상황이다. 참는다는 것은 표현을 억제하는 것일 뿐, 적어도 화가 났음을 스스로 인지한 상태이기 때문이다.

...

좋은가, 싫은가? 편한가, 불편한가?

분명히 불쾌하고 화날 만한 일을 겪었음에도 아무렇지 않다면, 거꾸로 자신의 감정에 대해 이성적으로 접근해봐야 한다. 감정은 원래 '느끼는 것'이지만, 느낄 수 없는 감정을 다루기 위해선 이성적·인지적 측면을 동원할 필요가 있다. 어렵게 들리겠지만 방법은 간단하다. 스스로에게 묻는 것이다.

"지금 이 관계가 편한가, 불편한가?"

자신의 감정을 들여다보고 스스로에게 질문을 던지기란 누구나 익숙지 않다. 어렵게 생각할 것 없이 그저 '좋은가, 싫은가?'의 간단한 물음을 던지는 것으로 충분하다. 또 몸과 마음이 연결되어 있다는 건 다들 알지만, 몸의 이상이 생겼을 때 '감정과의 연결고리'까지는 들여다보지 않는다. 당장 몸이 아파 죽겠는데 언제 마음까지 들여다보느냐고 반문한다.

"분명 힘든 일이 있었을 거예요."

내담자에게 이렇게 말을 하면 그제야 기억을 떠올린다.

"아아, 일이 좀 있긴 했는데… 에이, 그런데 그게 관련이 있을까요? 별일 아니었는데요."

그러다가 한 번 더 찬찬히 곱씹으면 당시에는 사소하다 여겨 넘긴 일에서 단서를 발견한다.

"정말 그러네요. 완전히 지우고 있었어요. 제가 화가 난 줄도 모르고 있었네요."

바로 이 순간 진짜 자기 감정을 알게 되고, 그에 맞는 해법을 찾아가고, 그러면서 조금씩 몸이 겪는 불편이나 고통이 가라앉게 된다.

. . .

숨겨진 자기 감정을 드러내는 '감정 연습'

오랜 시간 무디게 다뤄온 자기 감정을 알아채기 위해선 감정 연습이 필요하다. 감정 연습이란 게 별 게 아니다. 자기 자신에게 "안녕한가?"라고 물어봐주는 것이다. 그러고 나서 '좋음(Good), 그럭저럭(Not bad), 나쁨(Bad)' 중 하나를 체크만 하면 된다. 유치해 보일 수 있다. 그런데 자기 감정과 오랜 시간 단절하고 살아온 사람에게는 "좋아?"라는 질문조차 어렵게 들린다.

보통 처음에는 좋은 감정보다는 싫은 감정이 더 뚜렷하다. 그래서 처음에는 매우 싫은 것과 매우 싫지 않은 것, 이 정도로 구분하는 것이 좋다. 그런 다음에 매우 싫지 않은 것 중 레벨을 나누어 적으면 된다. 그러다 보면 자신의 감정을 구체적으로 표현하게 되고

서서히 감정을 읽는 것이 가능해진다. 나는 이것을 '오늘의 감정 일기'라고 부르는데 한눈에 보기 쉽게 표로 그려보았다.

오늘의 감정 일기		
Good(좋음)	**Not bad(그럭저럭)**	**Bad(나쁨)**
매우 좋았던 일 :	그럭저럭 괜찮았던 일 :	매우 싫었던 일 :
Level1 :	Level1 :	Level1 :
Level2 :	Level2 :	Level2 :
Level3 :	Level3 :	Level3 :
Level4 :	Level4 :	Level4 :

그와 그녀의 분노로부터 나를 지키는 법

오늘의 감정 일기

Good(좋음)

매우 좋았던 일 : 계획한 사내 이벤트가 잘 마무리됨.

Level1 : 다른 부서보다 잘했다는 상사의 칭찬을 들음.

Level2 : "이번 행사 너무 좋았어요." 하는 동료들의 피드백을 받음.

Level3 : 이벤트를 진행하는 과정에서 보람을 많이 느꼈음.

Level4 : 큰 사내 행사라 부담이 컸는데 해방되어서 너무나 홀가분함.

| 예시 2

오늘의 감정 일기

Bad(나쁨)

매우 싫었던 일 : 다른 사람을 가지고 노는 친구가 있는데 그애에게 욕먹고 싶지 않아 마지못해 동조함.

Level : 내 팔짱을 끼는 친구를 뿌리치지 않은 일.

Level2 : 그냥 다른 사람을 괴롭히는 친구 자체가 싫다.

Level3 : 싫다고 하면서도 같이 어울리는 내가 더 싫다.

Level4 : 언제까지 친구의 비위를 맞춰야 하는지 이런 상황이 너무 답답하다.

예시 2처럼 오늘 기분이 'Bad(나쁨)'라고 해보자. 여기에서 중요한 건, 나쁜 감정을 일으킨 요인을 레벨 1, 2, 3, 4로 나누어 구체적으로 살펴보는 것이다. 자신이 무엇을 좋아하고 싫어하는지만 알아도 비교적 쉽게 문제가 풀린다.

· · ·

왜 내 주변에는 무례한 사람만 있는 걸까

무례한 사람이 너무 싫다고 하소연하는 지인이 있었다. 이야기를 듣다보니 그 사람 주변에는 무성의하고 뻔뻔한 사람만 수두룩한 것 같았다. 예의 있고 상대를 존대하는 사람이 거의 없는 것이 의아했다. 그는 "그런 사람들은 저와는 인연이 없나 봐요."라며 절망하다가도 본인 역시 말이 안 되는 얘기라 생각했는지 다시 나에게 질문했다.

"제 주변에는 왜 무례한 사람만 있는 걸까요?"

지인은 이 기이한 현상에 대해 의문을 갖다가 한 가지 중요한 사실을 발견했다. 무례함을 싫어한다고 하면서도 그동안 자신이 무례한 태도에 대해 얼마나 '덤덤하게' 반응해왔는가를 깨달은 것이다. 무례함을 비판하면서도 가까운 사람이 자신에게 보이는 무례한 태도에 대해서는 관대했고 너그러웠다. 알면서도 참은 것이 아니었다. '불쾌감을 느끼지 못한' 것이 원인이었다.

이 사실을 깨달은 그는 불쾌감에 민감해지도록 노력하기 시작했다. 스쳐 지나가는 불편한 느낌도 그냥 흘려보내지 않고 "나는 이것이 불편한가?"라고 스스로 묻기 시작한 것이다. 여전히 간과하게 되는 감정은 많지만, 이전보다는 불쾌감을 느끼는 순간을 의식적으로 인지하게 되었다.

사소한 불편함도 그냥 지나치지 않는 것이 중요하다. 이렇게 얘기하면 "그렇게 예민하게 어떻게 살아요?" 하고 묻고 싶어질지도 모르겠다. 하지만 한두 가지에 대해 예민해진다고 해서 인생이 어떻게 되진 않는다. 그리고 그 예민함은 살아 있기 때문에 느낄 수 있는 것이다. 다시 한 번 되새기자. 자신의 감정은 소중하며 사소한 감정이란 없다는 것을. 이런 과정을 소중히 여길 때 '거짓자기에서 참자기로' 자아의 스위치가 전환될 수 있다.

● **감정의 법칙**

1. 감정은 시간이 지난다고 해서 저절로 없어지지 않는다. 누적된다. 눈덩이처럼 불어난다. 그래서 불쾌함, 불편함 등 부정적 감정들은 '화'라는 덩어리로 뭉쳐진다.

2. 감정은 무의식에 덮이면 그 자체로는 여간해선 밖으로 나오지 않

는다.

3. 그런데 무의식에 덮인 감정은 종종 의식적인 감정과 결합하여 고구마 줄기처럼 표면 위로 달려 올라온다.

4. 무의식적으로 쌓인 감정은 우리가 의식하는 감정보다 그 규모가 훨씬 크다.

5. 과거 유년시절에 겪은 감정과 지금 어른으로서 겪는 감정은 일상에서 쉽게 혼동된다. 그 자리에서 처리할 수 있을 정도의 감정인데, 뜻하지 않게 이른바 꼭지를 돌게 만드는 분노에 휩싸이는 경우다. 예를 들어 어떤 사람이 나를 무례하게 대했을 때 1000 정도의 불꽃이 튀어 오른다면? 그것은 어린 시절에서 오는 감정과 연결되어서다. 어른 대 어른으로 놓고 보면 실제로는 2, 많아봐야 10 정도일 가능성이 크다. 사실은 충분히 처리할 수 있는 수준의 불쾌함, 불편함이라는 얘기다.

6. 또한 똑같은 사람도 내가 어렸을 때 겪었느냐, 어른이 되어 겪었느냐에 따라 완전히 다르다. 내가 힘이 없을 때 만난 그 사람과 힘이 있을 때 만난 그 사람은 '다른 사람'으로 봐야 한다. 그것이 다른 사람은 괜찮은데 나는 아닌 이유다.

그와 그녀의 분노로부터 나를 지키는 법

누구도 나를
속물이라 비난할 수 없다

정신분석에서 말하는 결혼의 요건

• • •

속세에 사는데 왜 속물이길 거부할까

"학교가 그렇게 중요해? 속물같이."

"아는 사람이 일을 도와달라고 했는데 안 갔어요. 대신 연봉이 높은 대기업을 선택했는데 저보고 속물이라고 욕을 하네요."

속물(snob). 이 단어처럼 말 많고 탈 많은 게 있을까. 그래서 속물에 대해 공부를 좀 해봤다. 처음 속물이란 말이 시작된 곳은 영국이다. 문학평론가 고봉준의 '속물의 계보학'*이라는 논문을 보면 옥스퍼드와 케임브리지 대학에서 입학시험을 칠 때 귀족과 구별하기 위해 평민 학생 이름 옆에 시네 노비리타테(sine nobilitate, without nobility)라고 적어놓았다고 한다. 여기에서 속물이란 단어가 생겨 났단 얘기다. 이렇게 보면 속물은 태생부터 계급적이고 차등적이 다. 주변에서 속물이란 단어가 어떻게 쓰이는가를 보면 그 사회적 의미가 더욱 분명해진다.

속물이 관계에 미치는 영향은 실로 대단하다. 특히나 결혼을 준 비할 때만큼 속물의 의미가 활개를 칠 때도 없다. 한 집 건너 파혼, 아니면 비혼이라는 우스갯소리도 있다.

연희 씨는 비혼주의였다가 어렵게 결혼을 결심했으나 끝내 파 혼한 경우다. 그녀는 3년간 만난 남자친구가 "결혼이 아니면 이별." 이라고 엄포를 놓는 통에 결혼을 결심했다. 이 정도 남자라면 결혼 해도 괜찮겠다는 생각이 들어 상견례와 예식장 계약까지 마쳤다. 그러나 준비 과정에서 불협화음이 불거져 결국 파혼을 했다. 연희 씨는 어느 정도 마음 정리를 한 덕분인지 무덤덤하게 그간의 일을 풀어놓았다.

"3년이나 만났지만, 최근 3개월 동안 남자친구에 대해 알게 된 게 더 많았던 것 같아요."

* 고봉준, '속물의 경제학', 〈사회비평 39〉, 2008.

"현실적인 문제를 말하는 건가요?"

"네. 시어머님이 선생님 며느리를 보고 싶다고 해서 끝내기로 했어요. 사실 저도 미련이 없고요."

"그래도 결혼까지 생각했잖아요."

"속은 상하죠. 주변에 말해놓은 것도 있고. 그런데 남자친구가 자기 집안에 대해 거짓말한 게 많았어요. 제가 선생이 아니라서 차인 것처럼 남자친구 집안도 우리집에서 환영할 만한 수준이 아니었어요. 그냥 남자친구 혼자 잘난 느낌? 속아서 결혼하는 것보다는 헤어지는 게 낫겠더라고요."

"상호 이별을 택한 거네요."

"네."

· · ·

결혼은 때가 되면 하는 것이 아니라
욕구가 충족될 때 하는 것

일방이 아닌 상호 협의 하에 끝냈기에 빠른 수습이 가능했다는 연희 씨. 흔한 말로 식장까지 가봐야 신랑신부 얼굴을 안다는데, 이는 확실히 사실이 된 듯하다. 결혼은 상대를 향한 애정과 신뢰만으로 되지 않으며, 상호간 욕구가 충족되어야만 결실을 맺는 시대가 됐다. 결혼은 나이가 차면 하는 것이 아니라 내 욕구가 충족될 때 하는 것이기 때문이다. 결혼적령기 개념이 바뀐 것이다. 물리적인 나이가 기준이 되던 옛날과 달리, 이제는 내가 원하는 것을 채워줄 상대와 만났을 때가 결혼 타이밍이다. 부모 입장도 마찬가지다. 자녀가 조금 더 편하고 안락하게 살기를 바라는 부모는 서슴없이 며느리의 직업을 따지고, 사위의 집안에 대해 묻는다. 결혼에서만큼은 서로의 속물근성이 어느 정도 용인되는 셈이다.

'속물의 계보학'에 재미있는 얘기가 나온다. 19세기 전에는 속물이 귀족이 아닌 평민을 뜻했으나 이후에는 '타인에게 높은 지위가 없으면 불쾌해하는 것'으로 의미가 바뀌었다고 한다. 상당히 흥미로운 대목이다. 며느리가 학교 선생이길 바라는 마음, 시댁이 재력이 있는 집안이길 바라는 마음. 이 욕심이 마음에서 끝나지 않고 파혼이라는 선택을 하게 할 만큼 힘이 센 것은 상대가 가진 자원이 내게 이익이 되지 않을 거란 사실을 확인했기 때문이다.

상대가 특별한 신분이길 바라는 마음, 여기에는 상대의 신분이 '미래의 나에게도 도움이 되었으면 하는 기대 심리'가 놓여 있다. 단순히 상대의 신분이 중요한 게 아니라, 그의 신분이 나에게 미치는 긍정적 영향력이 중요한 것이다. 이것이 "속아서 결혼할 뻔했어요."라는 고백의 본심이다.

내가 너무 속물인 거야?
아니, 현실적인 거야

결혼 이야기는 오가나 이 결혼을 정말 해야 할지 말아야 할지 고민된다면 자신의 속물근성에 대해 생각해보길 바란다. 부끄러운 일이 아니다. 어쩌면 상대는 이미 속물근성을 한껏 발휘해 당신과의 결혼에 대해 평가를 끝냈는지도 모른다. 더불어 내 부모님의 속물근성, 상대 부모님의 속물근성을 들여다보고 이해하는 시간을 반드시 가지자. 흔히 '결혼은 집안과 집안이 맺는 연(緣)'이라고 이야기한다. 이 말 안에는 자녀의 결혼 안에 어른들의 욕구도 들어있음을 내포한다.

사실 결혼까지 생각할 정도면 성격이나 대화 수준, 성적인 면 등은 판단이 끝난 상태일 것이다. 그럼에도 결혼을 깰까 말까 고민이 된다면 집, 혼수, 예단 비용, 집안 문제 등 현실적인 문제가 언제고 수면 위로 떠오를 가능성이 높다. 이런 것을 대할 때는 지극히 현실적인 관점에서 보고 판단해야지 '내가 너무 속물인가 봐.'라는 생각으로 자책해서는 문제를 해결할 수가 없다. 만약 속물근성에 대한 이해와 결론이 서지 않았다면 결혼을 밀어붙여서는 안 된다. '속물 결혼'보다 더 나쁜 것이 그냥 밀어붙인(혹은 밀어붙여진) 결혼일지 모른다. 당신의 결혼을 '누군가의 속물근성'에 의해 휘둘리다 무너지게 내버려두지 말라.

"네가 정말 포기할 수 없는 속물적인 요소 하나만 말해줘."

나의 대학 선배는 소개팅을 주선할 때 꼭 이 질문을 한다고 한다. 외모, 집안, 차, 직장, 학벌 등 정말 본인이 포기할 수 없는 속물적인 요소를 요청한다는 그 말은 꽤 강력한 함의를 갖는다. 이 질문이 나온 배경은 그만큼 우리 스스로가 솔직하지 못하기 때문이다. 남자가 돈을 많이 벌었으면 좋겠고 여자가 예뻤으면 좋겠는데, 이 말이 선뜻 입 밖으로 나오지 않는다. 괜히 속물로 비칠까 염려한 탓이다.

연애 상대를 소개받을 때도 주춤거리는데 결혼은 어떻겠는가. 당연히 속물로 보이지 않기 위해 최선을 다하고 싶다. 그러나 결혼을 다시 고민하게 할 정도의 장애물이 눈앞에 나타났다면, 이건 회피해야 할 과제가 아니다. 스스로 '나는 왜 머뭇거리는가?'라는 질문의 답을 명확하게 인지해야 한다. 그래야 질질 끌려다니지 않는다.

· · ·

결혼에는 속물근성이 필요한 법이다

그렇다면 최종적으로 결혼을 결심하는 순간은 어떠해야 하는가? "부모님이 그냥 하래요.", "이제 와서 엎을 수는 없잖아요."가 아니라 "그럼에도 하는 게 좋겠어요."라는 답이 나오는 상황이어야 한다. 그런 의미에서 스스로에게 다음 질문을 던져보자. "결혼에 있어서 내가 끝까지 포기할 수 없는 속물적인 요소는 무엇인가?"

포기할 수 없는 제1 요건을 가려냈고, 다행히도 상대가 그것을 채워준다면 다른 요건이 기대에 차지 않더라도 타협이 가능해진다. "어차피 나도 상대가 원하는 완벽한 배우자가 아니니 이건 감안하자."가 되는 것이다. 타협은 타인하고만 하는 게 아니다. 상이한 욕구, 상이한 마음을 가진 자신과도 할 수 있어야 한다.

또한 결혼을 결정한 후에라도 상대방의 무언가가 자신이 기대한 바와 다름을 알게 됐다면, 이것을 수용할지 말지를 결정하는 시간을 갖자. 결혼 준비하느라 힘이 드니 며칠간 혼자만의 시간을 갖겠다고 하면 주변에서도 얼마든지 이해한다.

빌 게이츠는 일 년에 한두 번, 타인에게 방해받지 않는 생각주간(Think Week)을 가졌다. 우리 역시 중요한 의사결정을 내려야 할 때 오롯이 혼자만의 생각에 집중하는 시간을 가져야 한다. 충분히 생각한 후 눈앞의 조건을 온전히 수용할 때야 비로소 '내가 선택한 결혼=내가 책임져야 하는 결혼'이 된다. 불행도 내가 자의로 선택을 하면 감당이 되지만, 선택을 당한 것이 되면 돌이키기가 어렵다. 불행도 선택이다. 감당 가능한 선택인가, 아닌가는 그것이 나의 선택인가, 아닌가에 따라 달라진다.

잘난 척도 하면서 살아야
숨통이 트인다

타인의 시선에서 자유로워지기

· · ·

상은 씨는 왜 SNS에
자기 사진을 올리지 못할까

눈에 띄는 존재가 되는 것, 내 존재를 강력하게 내보이고 싶은 욕
망은 인간의 본능이다. 그래서 사람들 대부분은 약간의 노출증
(exhibitionism)을 갖고 있다. 그런데 그런 노출에 과민한 반응을 보
이는 사람들이 있다. 사진 촬영이 취미이지만 정작 SNS에는 '나만
보기'로 사진을 게시하는 상은 씨가 그런 경우다.

이제껏 너를 친구라고 생각했는데

"상은 씨 혼자 볼 건데 왜 페이스북에 사진을 올리나요?"

"아아 그냥 저장용이에요, 페이스북은."

"다는 아니더라도 몇 장 정도는 친구 보기로 전환해보세요. 누구는 부모님이 가진 자동차까지 자랑하는데, 왜 상은 씨는 숨기려고만 하는 거죠?"

"그게 잘 안 되더라고요. 잘난 척한다고 욕먹을 수도 있고…."

"세련되게 하면 되죠. 빈도가 잦으면 눈살을 찌푸리지만, 어쩌다 한 번은 괜찮지 않나요? 오히려 멋진 사진 보면 힐링도 되고 좋을 것 같은데."

"그런가요? 음… 그럼 한 번 해볼게요."

상은 씨는 인정과 관심에 대한 욕구가 있으나 이를 드러내는 데에 어려움을 느낀다. 이런 욕구는 자연스러운 것인데 이를 마냥 억누르다가는 언제 어느 쪽으로 상처가 터질지 모른다. 의식적으로 조금씩 조금씩 자신을 내보이는 연습이 필요하다.

상은 씨 경우처럼 혹시 모를 사람들의 눈살이 두렵다면 이럴 땐 '책임감 있는 잘난 척'을 하면 된다. SNS에 멋진 사진을 게시해놓고 "풍경이 너무 멋있어서 찍었다. 다음에는 친구들과 같이 가고 싶다."는 식으로 글을 함께 적는 것이다. 아마도 친구들은 별다른 거부감 없이 "다음에 나랑 가자."는 댓글을 적을 것이다. 다른 예로 만약 비즈니스 파트너와 고급 레스토랑에 간 사진을 SNS에 올리고 싶다면 레스토랑 정보와 함께 "다음에 같이 가자. 너랑 같이 가고 싶더라."라는 글을 함께 적으면 된다. 이때 중요한 요령은 '나 여기에 다녀왔다. 넌 못가 봤지?'라는 뉘앙스를 주지 않는 것이다.

친구가 직접적으로 잘난 척하는 것은 얄미울 테지만 "좋은 곳을 갔는데 네 생각이 나더라."는 말은 긍정적으로 들린다. 상대의 마음을 상하게 하지 않으면서 은근슬쩍 당신의 활동을 부러워하게 만드는 힘. 이것이 바로 요령 있게 잘난 척하는 방법이다.

· · ·

왜 자신에게만 엄격한 잣대를 들이대나

내가 상은 씨에게 일부러라도 조금씩 사진을 올려보라고 한 데에는 이유가 있다. 상은 씨 같은 사람의 특징은 타인의 시선을 마치 비난처럼 여긴다. 이는 타인의 반응 자체를 못 견뎌하는 게 아니라, 그들이 내게 엄격하고 엄중한 잣대를 들이댈 거라는 초자아가 발현됐기 때문이다.

아마도 상은 씨가 SNS를 통해 삶을 과시하는 친구들을 아무렇지 않게 여겼다면 본인의 사진을 거리낌 없이 게시했을 것이다. 하지만 상은 씨는 친구들의 행동을 잘난 척하는 것, 윤리적이지 못한 행동으로 판단했기에 자신 역시 그렇게 행동하지 못했다. 이는 초자아가 강한 사람들의 특징이다. 초자아가 강하다는 것은 도덕성에 지배받는 성격을 의미한다. 그러나 지나치게 질서나 윤리를 의식하는 삶은 물기 없는 목재처럼 건조해질 수 있다.

그러니 '나도 조금은 돋보이고 싶다.', '나도 인정받고 싶다.'는 욕구와 손잡아주자. 약간의 허세를 허락하는 것은 스스로를 위한 건강한 선택이다. 인생은 조화로워야 한다. 지나치게 자기 성과를 숨기면서 타인에게만 관대한 것은 괴로운 일이다.

• • •

즐겨라, 타인의 시선은 감옥이 아니다

그런데 이런 나의 충고를 듣고 용기를 내어 SNS에 자신의 사진을 올린 내담자가 있었다. 그런데 그는 다음날 눈이 퉁퉁 부어 나를 찾아왔다. 이유를 물었더니 제일 친하다고 생각한 친구가 "안 본 사이에 관종('관심종자'의 줄임말. 주위 관심을 받고 싶어 눈에 띄는 행동을 하는 사람을 부정적으로 일컫는 신조어)이 된 거야? 어울리지 않게 왜 이런 걸 올리는 거야?"라는 댓글을 달았다는 것이다.

나는 친구와 온라인상에서의 관계는 끊고, 오프라인 관계만 유지하는 게 어떻겠냐고 조언했다. 게시물에 마치 기다렸다는 듯이 부정적인 피드백을 남기는 이는 당신이 잘난 것을 못 견뎌하는 사람일 가능성이 크다. 괜히 이런 사람 때문에 '나의 욕구'를 억누르거나 눈치를 볼 필요는 없다.

평소 타인의 시선을 지나치게 의식하는 편인가? 그렇다면 실험을 해보자. 자신의 시선이 얼마 동안 타인에게 머무르는지 시간을 재보는 것이다. 아마 몇 초 지나지 않아 눈길은 다른 곳을 향할 것이다. 특별하게 오랫동안 타인을 보는 경우는 좋아하는 사람 앞이거나, 상대의 말을 경청하고 있거나, 싫어서 증오의 눈빛을 보내는 등의 강렬한 감정이 수반된 경우다. 우리가 잘 모르는 사람이 나를 응시할 때 불편함을 느끼는 이유이기도 하다.

어쩌면 우리는 고작 몇 초도 안 되는 타인의 시선에 갇혀 강박을 느끼고 사는 건 아닐까? '내가 이런 글과 사진을 올리면 비난받을 거야.', '내가 단체 대화방에 이런 메시지를 적으면 반응이 장난 아니겠지?'처럼 타인의 반응을 예측하고 행동하는 경우도 시선에 갇혀 있기는 마찬가지다.

그러니 '시선의 감옥'에 갇혀 전전긍긍하지 말자. 우리를 감옥에 가둔 것은 누구도 아닌 바로 우리 자신이다.

우습게 행동했더니
진짜 우스워지더라고요

~~~~~~~~~~~~~~~~~~~

어렵게 보이는 것도 전략

· · ·

편하고 좋은 사람은 만만하고 쉬운 사람?

효선 씨는 누군가를 처음 만났을 때나 모임에서 분위기가 가라앉을 때 자신을 희화화해 어색함을 없애는 편이다. 그래서인지 효선 씨는 인기가 꽤 많다. 그러나 이런 포지션이 결정적인 순간에 화살이 되어 돌아올 수 있다. 자신을 내려놓고 희화화하는 것이 친밀감을 높이는 데는 효과가 있을지 모르나 어느 순간 자신을 '쉬운 사람'으로 만들 수 있기 때문이다.

"넌 참 편하고 좋은 사람이야."

이제껏 너를 친구라고 생각했는데

처음에는 이 말이 칭찬이고 호감의 표시인 게 맞다. 그러나 관계가 진전되고 서로 편해지면 그 뒤에 숨겨진 뜻이 "넌 참 만만한 사람이야."로 달라질 수 있다. 사람과 사람 사이에서 치이고 다치고 아프다 보면 '착하다'는 말이 칭찬이 아니라는 것, 미운 놈에게 떡 하나 더 준다는 얘기가 욕이 아닌 '자기 관리의 결과'임을 알게 된다.

* * *

'미운 놈'과 '떡을 주는 놈'은 한편이다

미운 놈, 착한 놈, 그 사이에서 떡을 쥔 놈, 이렇게 세 명이 있다고 가정해보자. 미운 놈과 떡을 쥔 놈은 '같은 선택'을, 착한 놈은 '다른 선택'을 한다. 미운 놈은 먼저 떡을 먹으니 '자기 욕구가 우선인 선택'을 한 것이고, 중간에서 떡을 쥔 사람 역시 먼저 달라고 떼를 쓰는 미운 놈에게 떡을 쥤으니 비교적 에너지가 덜 들어가는 선택을 한 것이기에 그 또한 자기 욕구를 채운 셈이다. 반면 착한 놈은 자신의 선택이 아닌 다른 사람들의 선택에 의해 떡을 맨 나중에 받게 된다. 똑같은 떡을 먹는데도 더 기다리고 더 애타는 시간을 견뎌야 한다.

그렇다고 해서 착한 성품을 이기적으로 바꿀 필요는 없다. 타인을 배려하고 인내할 줄 아는 선함이 얼마나 대단한 달란트인데 이걸 망가트리겠는가. 다만 돈을 주고도 살 수 없는 선함을 거두지 않고, 계속해서 지켜나가기 위해서라도 때와 장소에 맞게 행동하는 지혜를 권하고 싶다. 이른바 '티피오 솔루션'이다.

본래 티피오(TPO)는 시간(time), 장소(place), 상황(occasion)의 앞글자를 딴말로 보통은 때와 장소에 어울리는 의상을 일컫는다. 여기서는 의상 대신 태도로 바꿔 이야기를 해보려 한다.

우선 현재 어울리는 대상이 자기 안위가 먼저인 사람인지, 아니면 내가 열 번 양보하면 적어도 서너 번은 양보하는 사람인지 파악해야 한다. 대상을 염두에 두고 계속 배려할지 말지를 결정하라는 의미다. 떡이 생길 때마다 자신이 먼저라고 울어대는 사람에게 '한결같은 양보와 배려'를 할 필요는 없다. 또 자신이 더 편해지려고 우는 놈만 챙기는 중간자에게도 항의를 할 수 있어야 한다. '마냥 편한 사람'이 아니라 '나 역시 동등한 대우를 받고 싶은 주체'임을 인지시키는 차원에서라도 말이다.

"그러고 보니 상처는 항상 제 몫이었던 것 같아요."

분위기를 망치기 싫어 자신을 희화화했던 효선 씨는 현재 사람에 대해 마음의 문을 닫은 상태다. 우습게 행동했더니 진짜 우스워지더라는 것이다. 사람들이 자신을 얕잡아 볼까봐 걱정된다는 효선 씨에게 나는 내면의 취약성이나 불안을 굳이 밖으로 드러낼 필요

는 없다고 조언했다. 더불어 분위기가 불편하고 어색해지더라도 먼저 나서서 해결하려 들지 말라고 했다.

"너 오늘 왜 이렇게 조용해?"

"네가 망가져야 재밌지. 너답지 않게 왜 가만히 있는데?"

이런 말을 아무렇지 않게 던질지도 모른다. 늘 분위기를 띄워줘서 고마운 사람이 아니라 분위기 띄우는 광대로 대할지도 모른다. 이런 압박을 이겨내야 스스로 우스워지지 않을 수 있다. 자신을 지키는 것은 자기 자신이다.

2장

다시 만날 것처럼 손을 놓아라

지금이 좋은 때가 아니면
비껴 지나가게 하는 것도 방법이다

아직인 나, 벌써인 너

...

언제 봤다고 친한 척입니까?

누구나 친밀함에 대한 욕구가 있다. 하지만 실생활에서는 사람과 가까워지는 일이 무척이나 어렵고 복잡하다. 가까워지지 않아도 불안하고, 너무 다가와도 불편하다. 누군가와 어느 정도의 친밀함을 유지할 것인가의 문제는 늘 마음을 불안하게 한다.

주홍 씨는 오늘도 걱정이다. 그다지 친하게 지내고 싶지 않은 친구가 매일같이 페이스북에 댓글을 달고 메시지를 보내오기 때문이다.

이제껏 너를 친구라고 생각했는데

주홍 씨에게 왜 그와 친해지고 싶지 않은지 물었더니 예전에 자신을 힘들게 했던 친구와 비슷한 유형이기 때문이란다. 호감을 거침없이 표현하고, 자신과 하고 싶은 게 많다고 말하는 사람. 아직 친하지도 않은데 팔짱을 끼거나 어깨동무를 하는 사람. 이렇게 감정 표현이 넘치는 유형과 자신은 성향이 맞지 않는다고 했다.

"제가 사람을 싫어하는 것은 아닌데요. 처음 알게 된 사람이 가까이 오는 건 부담스러워요. 저도 모르게 거리를 두게 되더라고요."

찬찬히 이야기를 들어보니 주홍 씨는 관계를 진척시키는 '속도의 문제'를 겪고 있는 듯했다. 주홍 씨는 관계를 맺을 때 거북이처럼 느린 반면, 그녀와 친해지고 싶어하는 이의 유형은 토끼처럼 다급했다. 보통 성격이 급한 유형은 상대를 자기 속도로 끌어올리기 위해 스킨십이나 격한 감정 표현을 동원하는 경향이 있다.

물론 이게 나쁜 것은 아니다. 그 사람의 성격이고 관계를 맺는 스타일이니까. 갈등은 주홍 씨처럼 관계에 소극적인 유형과 관계에 적극적인 유형이 만났을 때 생긴다. 성큼성큼 다가오는 쪽에선 뚜벅뚜벅 걷는 주홍 씨의 느림이 답답하기만 하다. 그러다 보니 채근도 하고, 서운함도 표시하고, 주홍 씨의 마음을 확인하려는 행동을 하게 된다. 문제는 주홍 씨가 이것을 버거워한다는 점이다. 나는 아직 준비가 되지 않았는데 자꾸만 뛰어오라고 하니 힘이 든다. 그녀의 표현을 빌리자면 '갑자기 훅' 들어온 상대가 부담스럽기만 하다.

• • •

'나의 속도'와 '너의 속도'가
다르기 때문에

누군가가 자신과 친해지고 싶어한다면 좋은 일이 아닌가. 어째서 부담스러운 걸까. 이 질문에 주홍 씨는 이렇게 답했다.

> "월화수목금토일이니까요."
> "그게 무슨 뜻이에요?"
> "월요일에 보자고 연락이 와서 제가 안 된다고 하면 화요일, 화요일
> 에 안 된다고 하면 수요일에 연락이 와서 만나자고 하니까요. 짜증
> 났어요."

주홍 씨가 별칭까지 붙여 이 같은 상황을 묘사하는 것은 그간 일방적 관계 혹은 성격이 급한 유형의 사람에 대해 '안 좋은 경험'을 했다는 의미다. 그는 자신의 영역이 침범당할까 봐 잔뜩 몸을 움츠리고 있었다.

이제껏 너를 친구라고 생각했는데

평소 거절을 못하는 주홍 씨는 관계가 시작되면 '일정 기간' 상대방의 페이스에 끌려다녀야 했다. 주홍 씨는 이런 상황이 매번 반복되는 게 싫은 것이다. 만약 그렇다면 뛰어오는 친구를 그냥 비켜지나가게 하는 편이 낫다. 괜히 마음 약해져서 어설프게 곁을 내주면 서로 더 곤혹일 수 있기 때문이다.

비단 주홍 씨만의 이야기가 아니다. 스스로 마음이 약하다고 생각되면 괜히 상대를 배려한답시고 어설프게 마음을 내주지 마라. 당신이 관계를 감당할 수 없다면 더더욱 그래야 한다. 처음엔 마음의 문을 열지 않는 당신에게 상대 역시 상처를 받겠지만 그 사람은 금세 마음을 추스르고 다른 대상에게 뛰어갈 것이다. 그러니 괜히 자책감을 가질 것도, 내가 아니면 안 된다는 생각도 가질 필요가 없다.

· · ·

각자의 속도를 이해하는 법,
표현하는 법, 존중하는 법

그런데 나에게 다가오는 대상이 아주 싫은 게 아니라면, 그럴 때는 어떻게 하는 게 좋을까? 만약 친해지고 싶은 대상이 주홍 씨처럼 거북이라면 거북이에게는 거북이 걸음이 느리지 않다는 사실을 기억하면서 기다려주자. 반대로 본인이 마음을 여는 데 시간이 좀 걸리는 성향이면 자기 페이스를 유지하되, 상대가 불안하지 않도록 시그널을 보내자. 상대가 볼 수 있는 커뮤니티나 SNS에 "나는 누군가를 받아들이는 데 시간이 필요하다. 느려도 열심히 가는 중이니 기다려줘." 식의 글을 올려보는 건 어떨까. 가끔 문자나 메시지를 먼저 보내주는 것도 좋다. 이처럼 토끼는 거북이의 시간 감각을, 거북이는 토끼의 시간 감각을 배려해야 비로소 중간 지점에서 만났을 때 좋은 관계가 만들어질 수 있다.

여기서 잠깐 '친밀'의 한자어에 대해 얘기해볼까 한다. 친밀이 한자로는 親密인데 각각의 한자어를 보면 재밌는 점이 있다. 사전을 보면 친(親)은 '친하다', '사랑하다'는 뜻이 제일 먼저 등장하는 데 반해 밀(密)은 '빽빽하다', '촘촘하다'가 가장 앞에 등장한다. 똑같은 친밀이어도 누군가에는 '친하게 지내고 싶어', '널 사랑해'로 간주되는 반면, 주홍 씨 같은 유형에게는 '빽빽하고 촘촘하니 답답해'로 느껴진다.

사람이 이렇게나 다르다. 그러니 기다려주자. 언제까지? 뚜벅뚜벅 걸어오는 상대가 '빽빽함'에서 '친해짐'으로 당신과 '같은 종류의 친밀함'을 가질 때까지. 만약 본인 스스로 "저는 성격이 급해서 못해요.", "주변에 사람이 없는 것도 아니고 왜 그렇게까지 기다려야 해요?"라고 한다면 그냥 비켜 가면 된다.

　어쩌면 우리가 관계를 통해 이르고 싶은 궁극적인 목표는 같은 것일지 모른다. 각자의 속도가 어떠하든, 결국 자신의 인연의 바구니에는 소수의 사람만이 담기게 될 것이다. 진솔한 대화를 나누고 싶은 사람, 치부를 드러내도 괜찮을 거라는 신뢰를 주는 사람, 가족에게도 말하지 못하는 상처를 보듬어줄 사람 말이다. 우리가 이토록 관계로 인해 힘들어하고 복닥거리며 사는 것은 각자 자신만의 바구니에 담길 사람들을 만나기 위해서가 아니겠는가. 이렇게 생각하니 토끼 같은 사람에게도, 거북이 같은 사람에게도 일종의 동지애가 느껴지는 것 같다. 서로가 서로를 애틋하게 여기며 각자의 소망을 이룰 수 있도록 조금씩 배려하는 여유가 필요하다.

'어쩔 수 없이'는
실패를 덮는 이불이다

YES or YES

· · ·

세상에 어쩔 수 없는 관계는 없다

"마무리는 승우 씨가 좀 해줘요. 오늘 저녁에 내가 일이 좀 있어서."

"너 엊그제 산 원피스 있지? 나 좀 빌려줘. 주말에 소개팅이 있어."

"동생한테 양보 좀 해. 넌 누나가 돼서는….'"

갑자기 자신의 업무를 떠넘기고 퇴근하는 팀장에게, 한 번도 입지 않은 새 원피스를 내놓으라는 친구에게, 하나 남은 빈방을 동생에게 양보하라는 엄마에게 당신은 무어라 답해왔는가.

"싫다는 말이 안 나오더라고요. 어쩔 수가 없는 것 같아요."

진료실을 찾는 사람들 상당수가 비슷한 경험을 들려준다. 이 지면을 빌려 단도직입적으로 말하겠는데 세상에 '어쩔 수 없는' 관계는 없다. "어쩔 수 없어. 어쩔 수 없는 일이야."라고 말하는 내가 있을 뿐이다. 골치 아프고 힘든 관계 앞에 서 있는 사람에게 "어쩔 수 없다고 좀 하지 마." 이런 직언은 하고 싶지 않다. 당장 춥고 아픈 사람에게 얼음장 같은 직언이 무슨 도움이 되겠는가.

그간 얽매인 관계 때문에 너덜너덜해진 마음에는 단호한 행동 교정보다 포근한 이불이 필요하다. 이를 '심리의 요'라고 한다. 우리가 동상에 걸린 발을 난로 앞에서 녹인 뒤에야 다음 여정에 오를 수 있듯, 다음 관계를 위해서는 마음을 녹이는 과정이 필요하다. 그러고 나서야 비로소 한숨 돌리고 마음을 가다듬을 여유가 생긴다.

그러니 여기에서는 자신이 어떤 상태에 있는지, 이제껏 어쩔 수 없다고 스스로에게 말해온 관계의 실체가 무엇인지 살피고, 자신의 마음을 들여다보는 시간을 가져보자.

· · ·

이상하게 그 사람 앞에만 서면 작아진다

"어쩔 수 없는 선택이었어요."

이제껏 너를 친구라고 생각했는데

이 말만큼 자기 모순을 적나라하게 보여주는 표현도 없다.

"싫었지만 거절할 수 없었어요. 알 수 없는 힘(?)에 끌리듯 그 사람 요구를 들어주게 돼요. 이상하리만치 그냥 들어주게 돼요. 그런데 반강제 느낌이라 기분이 좋지는 않아요."

거절을 못하는 사람들이 하는 첫 번째 하소연이다. 딱히 누구라고 할 것도 없이 이 책을 읽는 독자 중에도 공감하는 사람이 많을 것이다. 분명 내가 선택한 건 맞는데, 부탁을 들어준 뒤 기분이 찜찜하고 뭔가 당했다는 느낌이 든다. 처음부터 자발적인 선택이 아니었기 때문이다. "네, 제가 도와드릴게요."라고 말하는 순간 그 자리에 있어야 할 나의 주체성은 어디로 사라진 걸까? 어쩌면 처음부터 내 안의 선택지는 '예스' 하나밖에 없었을지 모른다.

이들이 하는 두 번째 하소연이 있다. 바로 '그 사람 앞에만 서면'이다. 특정인 앞에만 서면 대기조가 되어버린다는 것이다. 이들을 대기조로 만드는 '그'는 과연 어떤 사람일까?

"부탁을 안 들어주면 난리가 나요."

"저는 그 사람의 관심과 인정이 필요해요."

'그'의 특성은 이 두 문장으로 요약할 수 있다. 그들은 항상 자기 욕구가 먼저이고, 이를 상대가 들어주도록 하는 유인책을 여러 개 갖고 있다. 한마디로 상대를 꼼짝하지 못하게 만드는 데는 도가 튼 사람이다.

그와 그녀의 분노로부터 나를 지키는 법

물론 유인책만으로 통하는 건 아니다. 대개는 상대에게 무언가를 줄 수 있거나 혹은 줄 수 있는 위치에 있는 경우가 많다. 그렇기 때문에 그들의 보살핌이 필요한 사람들은 어쩔 수 없이 요구를 들어주게 된다.

· · ·

그 사람이 싫긴 한데
전부 싫은 건 아니에요

원치 않는 관계를 정리하고 싶어도 고민이 앞선다.

'과연 이 사람과 잘 마무리할 수 있을까?'

'내가 이 관계에서 벗어날 수 있을까?'

이때 결단을 내리지 못하고 "이 사람과의 관계는 어쩔 수 없어. 그냥 이대로 사는 수밖에. 뾰족한 수가 없어."와 같은 결론을 지어 버린다면 십중팔구 무기력증에 빠진다.

내가 그 관계를 원하지 않는 것이 분명해졌는데도 어쩔 수 없다는 것은 무슨 말일까? 사실은 원하지 않는다는 것이 뚜렷하지 않기 때문이다. 무언가 불편하고 썩 내키지는 않지만, 그렇다고 해서 '다' 싫은 것이 아닐 때 갈등에 빠진다.

그들은 단점에 준하는 장점을 갖고 있다. 예를 들어 주말마다 같이 보낼 대상이 없을 때 그만한 친구가 없다거나, 얄미운 동료지만 나 대신 상사의 분노를 받아주고 있다거나, 후배를 마치 수족처럼 부리는 상사지만 그래도 결정적인 순간에는 살뜰히 챙겨준다거나 하는 것 말이다. 다시 말해 그 사람과의 관계를 유지하는 것이 100퍼센트 나쁜 것만은 아니기 때문에 유지가 되는 것이다.

우리는 이런 상황을 '어쩔 수 없다'는 말로 표현한다. 더 정확한 표현은 '아직 결정하지 않았다'일 것이다. 그리고 이 말을 핑계로 결단을 내려야 하는 책임에서 슬그머니 빠져나오는 것인지도 모른다.

만약 자신이 이런 상태라면 한 가지 조언을 하고 싶다. 상대와 최대한 거리를 둔 채 마음이 확실히 정해질 때까지 기다려라. 헝가리 속담에서 따왔다는 어느 드라마 제목이 인상적이다. "도망치는 것은 부끄럽지만 도움은 된다." 우리는 도망까지는 아니어도 잠시 '우물쭈물하는 시간'을 갖자는 얘기다. 아직 마음의 결정을 내리지 않은 만큼 그 사람을 멀리하겠다는 식의 결론을 내리지 말고, 관계의 거리를 유연하게 조절해보는 거다.

그간 이틀에 한 번꼴로 연락하고 만난 사이라면, 점차 횟수를 줄여나가자. 회의나 회식 자리에서 같은 테이블에 앉지 않는 것도 도움이 된다. 더불어 상대에게 휘둘림을 당하면서도 그 손을 놓지 못하게 만드는 '나만의 사정', '나의 필요'를 해결하기 위한 노력도 함께해야 한다. 이 문제가 해결되어야 비로소 어쩔 수 없는 관계에서 자유로워질 수 있기 때문이다.

나는 너의
공감 주유소가 아니다

공감 착취에 대항하기

· · ·

같은 시간을 보냈으나
다른 관계를 맺고 있었다

관계의 핵심은 교감을 이루는 상호성이다. 혼자서는 관계 자체가
성립되지 않는다. A라는 사람과 B라는 사람이 만나 사랑을 하거나
우정을 나눌 때 '하나의 그림'이 만들어진다. 그러나 실제 관계에서
는 A가 원하는 그림 하나, B가 원하는 그림 하나, 총 두 개의 그림이
만들어진다. 이 두 개의 그림이 넓은 교집합을 가진다면 상관없지
만, 그렇지 않을 때가 많다.

이제껏 너를 친구라고 생각했는데

예를 들어보자. 선혜 씨가 원하는 관계의 그림은 이거다.

"내 이야기를 열심히 들어주고 공감을 잘해주면 좋겠어. 내가 먼저여야 이 관계에서 안정감을 느끼거든."

반면 영은 씨가 원하는 관계의 그림은 이렇다.

"내가 잘 들어주는 편이지만, 그래도 주거니받거니가 되길 바라."

만약 선혜 씨가 지향하는 그림대로 되면, 영은 씨의 불만이 쌓이게 된다. 영은 씨는 매번 들어주고 공감해주는 반면, 친구는 그 시간을 독점하다 헤어지기 때문이다. 이게 포인트다. 둘이 같이 시간을 보내고 같은 음식을 먹어도 그 시간을 기억하는 감정은 완전히 다르다. 겉으로는 '같은 시간'을 보내지만, 안을 들여다보면 '다른 관계'를 맺고 있다. 나는 이런 만남을 '겉으로는 함께했지만 속으로는 함께한 적이 없는 텅빈 관계'라고 표현한다.

그럼 불만족스러운 시간을 보낸 영은 씨가 선혜 씨에게 변화를 원한다고 말하면 어떨까? 받아들여질까? 아마도 어려울 것이다.

"매번 네 얘기만 듣다보니 좀 지친다. 우리 대화 방식을 좀 바꿔보자."

"무슨 소리야. 네가 네 얘길 안 해서 그런 거지. 내가 언제 네 입을 막았니? 됐고, 내가 어제 말이야…."

이렇게 자기중심적으로 공감받는 관계에 익숙해진 사람은 쉽게 자신을 인정하지 못한다. 더구나 공감은 중독성이 강할 뿐만 아니라 희소한 자원이다. 영은 씨를 대체할 만한 대상을 찾기 힘들다는 것을 선혜 씨 역시 잘 안다. 이것이 영은 씨가 계속해서 공감을 착취당하는 배경이며, 영은 씨가 그 관계를 잠시 꺼두어야 하는 이유다. 선혜 씨와 관계를 유지하기 위해서라도 영은 씨는 '방전된 감정을 충전할 시간'을 가져야 한다.

• • •

더 이상 너에게 공감 주유소로 이용당하고 싶지 않아

공감은 마음의 일용할 양식이다. 어엿한 성인이면 양식 정도는 스스로 해결하는 것이 맞다. 하지만 매일 필요로 하면서도 자기 힘으로 해결하지 못하는 사람이 많다는 것, 아니 자립할 생각조차 없는 경우가 많은 것이 문제다.

'마약과 같은 공감'을 얻기 위해 혈안이 된 사람, 반대로 특정 대상에게 공감해주느라 피로감을 호소하는 사람을 만날 때면 무척이나 안타깝다. 특히 후자의 경우 비즈니스상, 혹은 해묵은 '관계의 틀' 때문에 공감에 대한 요구를 거절할 수 없다고 말한다. 그러나 어떤 경우에도 공감을 요구하는 것은 자기중심적인 욕구에 지나지

이제껏 너를 친구라고 생각했는데

않는다.

"그냥 오늘은 내 이야기 좀 들어주면 안 돼?"

이 말에 단호하게 거절은 못하더라도 선을 긋는 정도는 해야 한다.

"한 시간 정도는 괜찮아. 이후엔 일정이 있어."

이렇게 시간을 정하는 정도의 타협은 충분히 할 수 있다. 이런 요령도 부리지 못하고 곧이곧대로 이야기를 들어주다보면 또다시 일방적인 관계로 내몰린다.

그 사람은 그렇게 당신의 공감 에너지를 충전받고 난 뒤 사라진다. 볼일이 끝났기 때문이다. 그는 마음의 기름이 떨어지고 나면 근처 주유소를 찾듯 당신을 찾아와 당연한 듯 같은 요구를 해올 것이다. 여기에 대해 어떤 방어도 하지 않는다면 당신은 그날은 물론 그이후에도 끝없이 이용당하는 관계에 갇히고 만다.

알아버렸다,
내가 너의 감정 쓰레기통이라는 걸

공격의 다른 이름

・・・

그들은 만만한 사람에게 쏟아붓는다

살아가는 데 꼭 필요한 것 중 하나가 쓰레기통과 화장실이다. 쓰레기와 배설물은 인간이 태어나서 죽을 때까지 만들어내는 오물이다. 감정도 마찬가지다. 감정의 쓰레기란 도대체 뭘까? 모든 감정은 소중하다. 정말로 쓰레기 같은 감정이란 없다. 사람이 느끼는 감정 중 버려야 할 것은 하나도 없다는 게 내 생각이다.

그럼에도 감정 쓰레기란 말이 생겨난 이유는 무엇일까. 버겁고 골치 아픈 감정을 껴안고 있기 버거우니 쉽게 어딘가에 내버리고

이제껏 너를 친구라고 생각했는데

싫어한다. 그래서 감정 쓰레기란 말이 생겨났고, 이 쓰레기를 받아 안을 누군가를 감정 쓰레기통이라 부르고 있다.

"친구가 자꾸 감정을 치대요. 처음에는 순순히 들어줬는데 빈도가 잦아지니까 힘들어요. 시도 때도 없이 톡 보내고, 거기에 바로 대답 안 하면 바로 전화 오고."

"전화 오면 주로 뭐라고 하나요? 친구분이."

"통화하는 내내 상사 욕을 해요. 저랑 통화하면 마음이 차분해진대요."

"친구가 오죽하면 나한테 이럴까 싶어서 마음이 약해지는 거네요."

"네, 맞아요. 스트레스는 받지만 너무 매몰차게 대하는 것도 아닌 것 같고."

"그럼 소라 씨도 친구에게 하소연하거나 본인 이야기를 하세요?"

"아니요. 거의 100퍼센트 친구가 원하는 주제에 맞춰요. 꽃노래도 하루 이틀이지 지금은 짜증나서 못하겠어요."

"앞으로는 어떻게 하면 좋겠어요? 소라 씨가 원하는 그림이 있을 것 같은데요."

"그만해야죠. 그런데 감정받이를 하고 있을 때보다 다음 날 친구와 톡하면서 더 상처를 받더라고요."

"다음 날이요?"

"네. 저는 분명 어제 괜찮지 않았거든요. 그런데 제가 어제 즐거웠다는 친구의 말에 장단을 맞추고 있더라고요. 제 자신이 너무 못나 보여요. 왜 이 순간에도 자신을 속이면서 친구 기분을 맞추고 있는지 모르겠어요."

"2차 상처를 말씀하시는 것 같은데 아주 중요한 통찰이에요. 관계의 균형이 깨지면서 받는 1차 상처보다 이걸 본인이 부정하고 외면하는 데서 오는 2차 상처가 더 자존감을 떨어트리거든요. 소라 씨 스스로 여기까지 마음을 들여다봤다는 것 자체가 굉장한 일이에요."

· · ·

그런 관계라면 잠시 쉬어가도 괜찮다

친구, 연인, 가족, 동료나 상사 중 이런 사람이 꼭 한 명씩 있다. 하소연할 곳이 없으니 믿을 만하거나 만만한 대상에게 쏟아붓는 건데, 거절을 못하고 공감력이 큰 사람일수록 지인의 쓰레기통이 되기 십상이다. 하루에도 몇 번이나 친구의 하소연을 들어야 하는 소라 씨 역시 이런 감정노동자다. 소라 씨와 친구는 현재 관계의 공정성(fairness)이 무너진 상태다.

교우나 연인 관계처럼 수평적 관계에서 이런 이슈가 일어나기도 하지만 보통은 수직적 관계에서 생겨난다. 관계에서 상호성이 무너질 때 힘의 불균형이 일어나고, 그 결과로 '감정 쓰레기통 현상'이 일어나는 것이다.

만약 소라 씨처럼 특정인의 감정을 받느라 힘이 든다면 무 자르듯 50대 50까지는 아니어도 엇비슷하게 주고받고 있는지 살펴야 한다. 축구경기에서 볼 점유율을 보듯 대화 점유율을 확인해보는 것이다. 매번, 그것도 수년 이상 상대가 편파적인 점유율을 가져간다면 당연히 문제 제기를 해야 한다. 관계를 끊지 않더라도 공정성을 바로잡는 시도라도 해야 한다는 말이다.

"관계를 쉬어가는 것도 나쁘지 않아요."

실제로 나는 소라 씨에게 관계의 타임아웃을 선언할 것을 제안했다. 그랬더니 그녀는 "타임아웃이요? 친구에게 연락이 오면 받지 말고 무시하라는 뜻인가요?"라고 되물었다.

타임아웃은 감정을 쏟아내는 쪽이 화자, 그것을 받는 쪽을 청자라고 정의할 때, 화자가 감정을 쏟아내는 것을 그만둘 때까지 기다리기보다(스스로 그만두는 것으로 마무리되지 않기 때문에) 청자가 스스로 '듣기를 멈추는 것'을 의미한다. 항상 가학과 착취의 관계는 착취당하는 것을 멈출 때 비로소 제동이 걸린다. 물론, 아주 드물게 화자 쪽에서 멈추는 경우도 있지만 쓰레기를 비우는 쪽은 늘 비워

내는 만족을 느끼고 있기에 여간해서 스스로 멈추지 않는다.

· · ·

감정 쓰레기통으로 대하는 건
일종의 공격이다

소라 씨는 '2차 상처'라는 중요한 통찰을 했다. 친구의 감정을 들어주는 당시야 어쩔 수 없다 해도, 다음 날 카톡 대화에서까지 친구에게 힘을 실어주는 자신이 싫다는 점에 대해 생각해봐야 한다. 당장 이것부터 시정해나가면 손상된 자존감이 회복될 수 있기 때문이다.

지금껏 "나도 어제 즐거웠어. 역시 우리는 영혼의 단짝이야."라는 식의 가짜 진심을 전해왔다면, 이번에는 본인의 페이스대로 밀고 나가야 한다.

"난 어제 좀 피곤하더라. 다음부터는 우리 화제 전환 좀 하자."

최소한 이 정도 강도로 의사 표현을 해야 상대가 눈치를 챌 것이다. 혹은 "야, 너도 좋았잖아? 오늘 왜 그래?"라며 공격적으로 나오더라도 "그렇지 않았다."는 반박을 할 수 있다. 우정은 일방적으로 누가 누구의 기분을 맞춰주는 것이 아니다. 이 커다란 줄기를 기억하면 약해진 마음도 다잡을 수 있다.

이제껏 너를 친구라고 생각했는데

흔히 공격이라 하면 마구 화를 쏟아내거나 욕설이나 비방을 하는 것으로 생각하는데 그렇지 않다. 오히려 일상 관계 안에서 오가는 공격은 소리 없이 표현된다. 대표적인 것이 상대를 감정 쓰레기통으로 취급하는 일이다.

만약 소라 씨처럼 자신의 감정을 잘 받아주던 친구가 더 이상 이야기를 들어주지 않으면, 상대는 어떻게 해서라도 관계를 제자리로 돌리고 싶어한다. 만약 뜻대로 되지 않으면 공격적으로 변하기도 한다. 상대의 말을 중간에서 자르거나 발언 기회를 주지 않거나, 또는 필요 이상의 반응으로 상대를 얼어붙게 만드는 일 등이 모두 공격적인 행동의 예다. 즉 관계 안에서 일어나는 공격은 상대의 욕구를 억누르기 위해 자신의 욕구를 필요 이상으로 발산하는 행동이다.

누군가가 당신을 감정 쓰레기통으로 삼고 있다면 분명히 알아둬라. 그 사람은 당신을 좋은 친구로, 좋은 가족으로, 좋은 동료로 생각하기 때문에 감정을 쏟아내는 게 아니다. 일종의 공격이다. 이 사실을 명확하게 인지하기만 해도 맞는지도 모른 채 멍이 들고 상처가 벌어지는 일은 생기지 않을 것이다.

그와 그녀의 분노로부터 나를 지키는 법

나쁜 감정도 내 것이고
불편한 마음도 내 것이다

~~~~~~~~~~

감정 객관화하기

• • •

남 말고, 내 감정을 들여다볼 때가 됐다

언젠가 SNS에서 '감정 텀블러'라는 걸 본 적이 있다. 너무 속이 상해서 토해내고 싶은 감정이 있을 때 자신의 텀블러(www.tumblr.com) 계정에 쏟아낸다는 얘기였다. 누군지는 모르겠으나 감각적으로 자신의 감정과 마주하고 있다는 인상을 받았다.

이 방법에 착안해 '예쁜 감정 수거통'을 마련해보는 것은 어떨까 생각해보았다. 쓰레기통이 아닌 수거통이라 이름 붙인 이유는 앞에서 우리의 감정 중 쓰레기 같은 감정은 없다고 말한 것과 맥을

같이한다. 나쁜 감정도 내 것이고, 불편한 감정도 내 것이다. 여기에 쓰레기라고 이름을 붙이는 순간, 당신 안에는 누군가에게 쏟아부어야 할 불쾌한 감정만이 산적할 뿐이다. 그저 분리수거가 필요한 감정쯤으로 여기고, 이를 저장하는 곳을 마련해보는 거다.

포스트잇에 짧고 명확한 '단어 혹은 단문'으로 감정을 요약한 뒤 색깔별로 단어를 분류해보자. 포스트잇의 분류 방법은 아래와 같다.

감정 수위 단계	연두 < 노랑 < 주황 < 분홍
연두	찜찜함, 모호함

충분히 이해할 수 있고 대화로도 해결 가능한 사건이나 대상
예 "흥, 네가 내 말을 무시했어?" "톡에서 1이 너무 늦게 사라지네."

노랑	불쾌함

불쾌하지만 충분히 참을 수 있는 일이나 대상
예 "그건 오해야." "조금만 더 기다려보자."

주황	긴장, 두려움

경고 수준의 사건이나 대상
예 "네 기분에 그만 다치고 싶다." "이번이 마지막 인내."

분홍	분노, 역정

크게 화나는 일, 또는 그렇게 만든 대상
예 "김재훈, 다시 보지 않겠다." "최슬기, 너 아웃!"

그와 그녀의 분노로부터 나를 지키는 법

이처럼 포스트잇 색깔에 맞춰서 자신의 감정을 적고, 한 달마다 어떤 색상의 포스트잇이 가장 많은지 확인해보자. 그럼 자신이 대체로 어느 정도 수위로 감정을 느끼는지 객관적으로 파악할 수 있다. 그리고 또 하나 중요한 것이 이 작업을 꾸준히 하다 보면 자신의 감정을 하나하나 소중히 다루고 있다는 사실에 자존감이 고양되는 경험을 하게 된다.

또 연두색처럼 1단계로만 화를 내도 될 일을 3단계 주황색처럼 과하게 화를 낸 것은 아닌지, 적절한 분노 표출 정도에 대해 생각해보는 시간을 가질 수도 있다. '아, 내가 별일 아닌 거로 예민하게 굴었네. 바빠서 답장이 늦은 건데 내가 과하게 화를 낸 건 아닐까?'라며 스스로 감정 필터링을 할 수 있다. 단순하고 별거 아닌 것처럼 보이지만 생각보다 자신을 냉정하게 파악할 수 있는 꽤 괜찮은 방법이다. 그러니 시간을 내어 꼭 시도해보길 바란다.

...

사실 감정 쓰레기통은 전문가의 영역이다

그런데 만약 이 정도 수준으로 해결되지 않을 정도로 억울한 일을 당했거나 화를 입었다면, 그때는 제대로 된 감정 쓰레기통을 찾아

가는 것이 맞다. 전문가를 찾아가란 얘기다. 감정 쓰레기통 역할은 아무나 하는 것이 아니다. 전문적인 기술이 필요한 영역이다.

마음을 치료할 때 치료자와 환자는 '계약적'으로 감정 쓰레기통 역할을 하기로 약속한 사이다. 환자는 스스로 처리하기 힘든 부정적인 감정에 대해 가능한 한 솔직하게 이야기하고, 치료자는 그 내용을 가감 없이 들어주기로 약속하는 것이 바로 치료의 시작이다.

여기서 헷갈리지 말아야 할 것은, 이렇게 한다고 해서 치료자가 진짜 쓰레기통이 되지는 않는다는 점이다. 치료자는 여전히 치료자로서의 인격이 보존되며 환자로부터 존중받는다. 마찬가지로 환자가 어떤 이야기를 하든 치료자 역시 그를 한 사람의 인격으로 존중하는 태도를 유지한다.

치료자는 단순한 쓰레기통(부정적인 감정들을 받아 안는 통)으로서 수동적 역할을 하는 사람이 아니다. 적극적으로 상황을 이해하고 분석하고 이를 나름의 처리 과정을 거친 후 환자에게 돌려준다. 이 같은 전문 능력을 활용하는 것이 치료자의 일이고 임무이다. 치료자는 내부에 '쓰레기 처리 장치'가 장착된 쓰레기통인 셈이다. 그러니 SNS나 포스트잇에 자신의 감정을 표출하는 단계를 넘어서서 '누군가'가 필요하다면 지인을 쓰레기통으로 삼지 말고 전문가의 손을 빌리길 바란다.

이제껏 너를 친구라고 생각했는데

내가 요구하지 않으면
상대가 가져간다

관계를 지키며 할 말 다하는 연습

...

수동 공격성,
하지 않음으로써 상대를 공격한다

꼭 직접적인 말이나 행동으로 상처를 주는 것만이 공격이 아니다.
평범하고 사소한 말과 행동으로도 상대를 실의에 빠지게 할 수 있다.

늘 자신의 이익만 챙기는 얌체 동료 때문에 괴롭다는 민호 씨. 2년
내내 참았던 민호 씨는 최근 회의 자리에서 그에게 작은 복수를 했
다. 문제의 동료는 민호 씨에게 자신이 아이디어를 내면 옆에서 거

들어달라고 당부했다. 그런데 부장이 동료의 아이디어에 거세게 제동을 걸고 나섰다. "지난번 회의에서 까인 아이디어를 또 내는 이유가 뭐야?"라며 몰아붙인 것. 이때 민호 씨가 나서서 '두 아이디어의 차이'에 대해 거들었다면 상황은 바뀌었을지 모른다. 그러나 민호 씨는 입을 꾹 닫았다. 회의가 끝나고 동료에게는 부장이 그렇게 화를 내는데 어떻게 나서겠냐며 우는 소리를 했지만, 돌아서서 기분이 꽤 좋았다.

민호 씨의 사례에 동감하는 사람이 많을 것이다. 민호 씨가 했던 행동을 '수동 공격성'이라고 한다. 상대가 원하는 바를 알지만, 거기에 응하지 않음으로써 상대를 좌절시키는 방어기제다. 대놓고 비난하고 공격하는 것과 달리 수동 공격성은 겉으로 드러나지 않는 것이 특징이다.

능동적으로 자신을 변호하고 지키는 힘이 부족한 사람이라면, 이 방법으로 자신을 지킬 수밖에 없다. 그러나 수동 공격은 한계가 있다. 예를 들어 친구가 보고 싶어하는 영화가 있는데, 그가 미워서 일부러 약속을 취소한 상황이라고 가정해보자. 이렇게 되면 친구를 좌절시키는 데는 성공했을지 몰라도 스스로 약속을 깼다는 부채감을 느낄 수 있다. 부채감은 다음 만남에서 친구에게 한 수 접고 들어갈 수밖에 없는 위치 관계를 만든다. 민호 씨도 마찬가지. 동료가

이제껏 너를 친구라고 생각했는데

알미워 거들지 않긴 했지만 이 방법은 일회용일 뿐이다. 어쩌다 한 번 가능한 분풀이로는 자신을 제대로 지킬 수 없다.

나는 민호 씨에게 동료가 불합리한 일을 계속 요구해온다면 반드시 '눈에 보이게' 자신을 변호하라고 조언했다.

"민호 씨가 자기 목소리를 내지 않으면 상대는 그것마저 가져가요. 관계에는 '말의 점유율'이란 게 있어요. 계속해서 내가 해야 하는 말을 포기하는 것은 민호 씨 권리를 상대에게 내주는 거나 다름없어요."

. . .

자신의 욕구 먼저, 남의 욕구는 그다음에

자기 목소리를 내지 못하는 데에는 여러 사정이 있겠지만 가장 큰 이유는 '상대가 싫어할까봐'이다. 동료가 밉고 싫지만 그래도 관계를 지키고 싶은 욕구가 큰 것이다. 민호 씨처럼 마음 약한 사람들 곁에 나쁜 사람이 계속 꼬이는 이유도 상대의 감정을 염려하는 일이 만성화되었기 때문이다. 상대가 느낄 부정적 감정을 우려해 함부로 행동하지 못한다.

'저 성격에 원하는 바를 얻지 못했으니 어쩜 좋아.'

'세상에… 지금쯤 얼마나 만신창이가 되어 있을까.'

상대방에 대한 걱정으로 자신까지 불안하고 초조해진다. 결국 이런 불안은 제일 먼저 자신의 필요와 욕구를 억제하고, 힘든 시간을 보내고 있을 상대를 위해 달려가도록 만든다. 이게 바로 계속해서 참고 견디는 사람들의 마음 시스템이다. 만약 이런 사람이 있다면 자신의 요구가 결코 사소한 것이 아님을 인식해야 한다.

사랑도 그렇지만 모든 관계가 타이밍이다. 그리고 이 타이밍은 자신의 욕구를 들어주는 데도 중요하다. 이기적으로 자기 요구만 관철하라는 얘기가 아니다. 언젠가는 터질 내 목소리를 '적시'에 들어주고, 그런 후 상대의 불편한 감정을 헤아리라는 뜻이다. 요구를 들어주는 순서만 바꿔도 숨통이 트인다. 내 욕구가 적절히 해결되면 마음에 여유가 생겨 타인에게도 진심으로 잘할 수 있다.

· · ·

관계를 지키면서
할 말 다하기 위한 3가지 요건

그렇다면 어떻게 해야 효과적으로 자신의 요구를 내세우고 당당하게 목소리를 낼 수 있을까? 다음 세 가지를 살펴보자.

이제껏 너를 친구라고 생각했는데

하나, 타이밍이다. 먼저 말을 할 타이밍을 찾는다. 보통 상대의 눈치를 살피며 할 말, 못할 말 가리는 사람일수록 상대의 감정을 예의 주시한다. 그래서 적절한 시기 포착도 잘한다. 느낌에 상대가 괜찮아 보일 때가 타이밍이다. 그런데 여기서 유의할 것은 자신의 감정 상태다. 본인이 불안하거나 불편한 상태라면 피해야 한다. 마음이 정리되지 않았다면 차라리 뒤로 미루는 것이 안전하다. 상대와 나의 타이밍을 모두 보아야 한단 얘기다.

타이밍 잡기의 예

나의 타이밍	바쁜 일을 모두 마치고 여유가 생기는 '1주 후'
상대의 타이밍	계획한 일이 잘 마무리되고 시간이 좀 난다는 '2주 후'
대화 타이밍	둘 다 여유가 되는 2주 후 평일 저녁으로 잡자. 적어도 상대가 예민한 시간에는 말을 꺼내지 않는다.

둘, 말의 수위다. 관계를 망가트리지 않으려면 실전에서 실수하는 일이 없도록 말하는 태도와 수위를 미리 결정해놓자. 예상 대본이 필요하다. 이때 상대의 반응, 내 말에 대한 답변, 내가 속마음을 꺼냈을 때의 분위기 등을 시뮬레이션 해보자. 상상력과 예민함을 총동원하면 된다. 막연히 '내가 이런 말을 하면 당황해할 텐데.' 식

으로 상대의 감정을 추측하고 불안해하지 말고, 구체적인 말과 행동을 계획하는 데에 에너지를 써야 한다.

말 수위 정하기의 예

수용 가능한 관계 변화	이 대화로 인해 사이가 불편해지더라도 내 욕구를 관철시키겠다. 관계를 망가트리고 싶지는 않다. 그래도 더 이상 이렇게는 견딜 수 없다.
꼭 말해야 하는 내용	모임에서 날 도마 위에 올려놓고 웃음거리로 만들지 말라고 요청한다.
최고 수위의 말	"네가 주인공이 되고 싶어하듯 나 역시 누군가의 들러리가 되고 싶지 않아."
상대가 수용 불가능한 말	"너와는 다시 만나고 싶지 않아.", "너는 매사에 자기밖에 몰라."

셋째, 말 연습이다. 무엇을 이야기할지 정리하자. 그런 후 입 밖으로 잘 설명할 수 있어야 한다. 그러려면 자신의 욕구를 정확히 인지해야 함은 물론, 미리 연습도 해야 한다. "뭘 그렇게까지 해요?"라고 할 수 있다. 하지만 '나의 말'로 체화한 뒤에 이야기를 꺼내는 것과 막연하게 생각만 하다가 그 자리에서 이야기를 꺼내는 것은 그 결과가 확연히 다르다. 또한 말을 꺼내는 것에 대한 두려움을 줄여

이제껏 너를 친구라고 생각했는데

주고, 대화 도중 상대의 표정이 안 좋게 변하더라도 할 말을 끝까지 할 수 있는 담력이 생긴다.

말을 잘하는 연습은 면접을 위해서만 필요한 게 아니다. 면접은 어쩌다 하는 이벤트지만, 관계는 일상이다. 자주 마주치는 지인을 상대로 '말 연습'을 해야 우리 삶도 그만큼 편해지는 법이다.

그와 그녀의 분노로부터 나를 지키는 법

만나는 법보다
헤어지는 법이 더 어렵다

〜〜〜〜〜〜〜〜〜〜〜〜〜〜

좋은 이별의 정의

· · ·

졸혼과 졸연,
잠시 시간을 갖는 것도 나쁘지 않아

상진 씨는 상담을 시작하자마자 여자친구와 졸연하기로 했다는 얘기를 꺼냈다.

"졸혼은 들어봤는데 졸연은 뭐예요?"

"결혼생활을 졸업하는 게 졸혼이라면, 연인 관계를 졸업하는 게 졸연이에요."

"그게 이별이랑 어떤 차이가 있는 거죠?"

"이별은 끝이지만 졸연은 쉼이에요. 여자친구와 결혼 시기를 두고 의견 차가 커서 만나면 자꾸 싸우기만 하더라고요. 그래서 3개월 떨어져 있기로 했어요."

"각자 결혼이냐 이별이냐 진지하게 생각해보는 시간이 되겠네요."

"네. 붙어 있어봤자 서로 힘들게만 하니까요. 결혼만 아니면 다른 건 다 좋은데…. 저도 당장은 아니지만 결혼이란 걸 한다면 지금 여자친구랑 하고 싶어요."

이 둘은 연애하는 5년 동안 고비가 많았다. 상진 씨가 군의관으로 있던 시절부터 여자친구가 결혼을 원했기 때문이다. 그 역시 그녀를 결혼 상대로 생각하고는 있으나, 힘든 환경에서 의대를 다니느라 상진 씨 혼자 힘으로는 결혼할 수 없는 가정형편이 문제였다. 그럼에도 계속 결혼을 재촉하는 여자친구와 다툼이 잦았고 결국 둘은 '휴전 상태'에 진입했다. 아직 졸연 기간이라 상진 씨 커플이 어떻게 됐는지는 알 수 없으나 참 좋은 방법이라는 생각이 든다. 결국 헤어지게 되어 이 3개월의 시간이 이별의 수순이 될지라도, 감정적이기만 한 이별이 아닌 '현명한 헤어짐'이라면 상진 씨나 그녀에게 의미 있는 시간이 될 것이기 때문이다.

이제껏 너를 친구라고 생각했는데

・・・

지금의 헤어짐은 다음 만남의 첫 단추

사람 만나는 법 좀 가르쳐 달라는 요청이 많지만 실은 헤어지는 법이 더 어렵다. 그렇지만 헤어지는 법을 알아야 한다거나 배워야 한다는 생각을 갖는 것조차 드물다.

'어떻게 이 사람과 헤어지지?'

'정말 헤어지는 게 맞을까?'

누구나 살면서 이별을 고민하는 순간을 맞는다. 그 마음이 간절해 한시라도 빨리 끝내고 싶은 마음이 들어 다시는 안 볼 것처럼 단호하게 관계를 정리하는 경우도 있다. 그렇지만 나를 위해서, 그리고 다음 만남을 위해서는 '잘' 끝내야 한다. 그 사람과의 관계가 잘못된 것도 슬프고 억울한데 다음도 그 모양이라면 끔찍하지 않은가.

잘 헤어지는 것이 다음 만남, 다음 관계를 위한 시작임을 이해하면 좋겠다. 건물을 새로 지을 때 기존 건물을 철거하고 지반을 다지는 과정이 중요한 것처럼 말이다.

이혼을 앞둔 부부가 상담하러 왔을 때의 쟁점은, 어떻게 두 사람을 화해시킬까가 아니다. 어떻게 잘 헤어지게 할까다. 관계를 잘 마무리하는 능력, 잘 헤어질 수 있는 여력이 두 사람에게 있는가를 살피는 게 먼저다. 작지만 가능성을 발견하면 치료자 편에서는 다행이란 생각이 든다. 두 사람 모두라면 더 좋겠지만 한 사람에게만 있어도 괜찮다. 우선 거기에서부터 시작한다. 그리고 차라리 잘 헤어지고 다음에 다시 만나는 편이, 서로를 엉망진창으로 만들며 붙들고 있는 것보다 낫다는 것을 당사자가 받아들일 수 있도록 돕는다.

지금은 '잘' 헤어지고, 다가올 그 '언젠가' 서로 감정적으로 건강해진 뒤 기꺼이 손을 맞잡을 수만 있으면 된다. 그게 지금 당장 손인지 발인지, 당최 무엇인지도 모를 것을 붙든 채 분노와 절망 사이를 오가며 서로를 할퀴는 것보다는 낫다. 물론 어려운 일이다. 언제나 파괴는 쉽고 건설은 어려운 법이니 말이다.

···

시달린 쪽이 먼저 이별에 입문한다

관계에도 작용 반작용의 법칙이 있다. 생뚱맞은 소리로 들리겠으나 이별을 직감했거나 헤어짐을 목전에 둔 이들에게 빠지지 않고 하는 말이다. 관계 중에는 거울처럼 짝으로 존재하는 것이 있다. 어느 한쪽이 없이는 반대쪽도 존재할 수 없다. 뺏고 빼앗기고, 가하고 당하고, 주고 받고, 맞고 때리는 관계. 늘 동시에 일어나고 한편이 없어지면 다른 한편도 같이 사라지는 관계들. 특히 가족, 연인, 단짝처럼 가까운 사이일수록 상처를 주고받는 횟수가 잦다. 서로 주고받는 힘의 작용이 빈번해지는 데 좋은 작용을 주고받으면 좋겠지만 반대인 경우가 더 많으니 문제다.

이런 관계가 변화되는 시점은 한쪽이 '너무 시달렸다'라는 자각을 할 때다. 목마른 놈이 우물을 파듯, 관계에서 결핍감을 크게 느끼는 쪽이 이별을 위한 행동에 나서는 것이다. 문제는 그 반대편이 그냥 놓아주지 않는 데에 있다. 충분히 이해가 된다. 어제까지 잘 만나고 헤어졌는데 갑자기 단절이라니, 그간의 관계를 부정당하고 거부되는 느낌을 받기에 이별을 쉽게 수용할 수 없다. 그러나 이런 상황을 맞았을 때는 빨리 손을 놓을수록 다시 잡을 기회도 그만큼 빨리 온다는 것을 알아야 한다.

· · ·

억울함을 남기지 않는 것이
이별에 대한 예의

이런 관점에서 상진 씨 커플의 '3개월간의 졸연 기간'은 현명하다. 보통 헤어짐에는 격정적인 감정만 동원되기 마련인데, 이런 시간을 가지면 자연스럽게 관계에 대해 사색하게 된다. 지금까지 우리 관계는 어땠는지, 우리 사이에 놓인 장벽이 해결될 수 있을지 여부를 판단하는 것이다. 즉 관계의 미래를 가늠함으로써 헤어질지 말지를 주체적으로 결정하게 된다. 만약 관계를 끌고 가기로 결정한다면 자신이 무엇을 포기하고 떠안아야 할지에 대한 판단이 선다. 상진 씨 여자친구의 경우라면 "앞으로 몇 년 동안은 결혼을 독촉하지 말아야겠다."고 결정할 수도 있겠다.

이처럼 '잠시 떨어져서 둘 사이를 생각해보는 시간'은 스스로 결정하고 책임지는 주체성을 갖게 한다. 보통 이별을 고민할 때는 이런 주체성을 갖기가 어렵다. 자신이 일방적으로 당했다는 피해의식이 드니 상대에게 매달리거나 집착하게 되고, 심지어 헤어지자는 연인에게 폭력을 행사하는 일까지 생긴다. '생각은 0이고 감정만 100인 상태'는 서로에게 좋지 않다.

그러니 이별을 향해 달리는 중이라면 맥없이 상대방이나 상황에 끌려다니지 말고 '자신에게도 생각할 시간'을 주자. 이혼 전에 숙려기간을 갖는 것처럼 말이다. 법적인 관계가 아니더라도 이런 숙려기간을 갖는 것은 큰 도움이 된다.

이제껏 너를 친구라고 생각했는데

그 어떤 순간에도
최우선은 나여야 한다

엇갈린 관계 바로잡기

. . .

왜 모를까, 나는 너의 엄마가 아닌데

"제가 하고 싶은 것, 먹고 싶은 것 어느 하나 마음대로 한 적이 없어요."

"전 친구의 엄마가 아니에요. 이제 그만하고 싶어요."

"그다지 잘난 것도 없으면서 왜 제게 막 하는지 모르겠어요. 더는 안 할래요."

말은 달라도 이 세 문장을 요약하면 '이제는 내가 먼저이고 싶다.'가 된다. 하나부터 열까지 상대 위주로 돌아갔기에 관계의 단절을 기점으로 자신의 욕구부터 살피겠다는 자기애적 다짐이다.

"사람이 쉽게 안 변하죠. 지금까지 누린 특권을 포기할 사람이 어디 있어요? 저와의 관계에서 그 친구는 공주고 전 하녀였어요. 변할 거라고 기대하지 않아요."

"해봤어요. 6개월 정도 시간을 갖고 다시 만났는데 처음에만 조심하지 결국 예전으로 돌아가더라고요. 자기 마음대로 해야 직성이 풀리는 사람이니까."

두 사람 합의 하에 시간을 가진 뒤 다시 손을 잡았음에도 변한 것이 없다면, 그때는 어찌할 도리가 없다. 미련 없이 돌아서는 길뿐이다. 하루아침에 버려졌다는 상실감을 남기지 않는 것만으로 충분하다.

친구라는 이름으로 엄마에게도 받지 못한 애정을 요구한다면, 연인이지만 부모에게나 기대할 법한 돌봄과 지원을 원한다면, 더는 관계를 끌고 가기 어렵다. 서로 간에는 지켜야 할 선이 있다. 주고받는 것에도 한도가 있다. 마치 조건 없는 사랑을 주고받는 부모 자식 관계로 환원하려는 상대의 태도에 숨이 막힌다면 관계를 재정립하는 것이 맞다. 이제 상대가 아닌 자기 자신에게 묻고 답할 때다.

"나는 너의 엄마인가?"

"아니, 나는 너의 엄마가 아니다."

그러고 나서 온전한 '나 자신'으로 돌아와야 한다. 엄마 행세를 그만두고 원래의 '내 얼굴'을 찾아야 한다. 그래서 그 무거운 헤어지자는 말을 꺼내기로 한 것이 아닌가.

· · ·

내가 정리하고 싶은 그는
애초에 나에게 관심이 없었다

내 얼굴을 찾기로 정한 뒤에는 고민하는 시간이 필요하다. 나는 왜 그 사람의 엄마로 살았던 걸까? 그것도 존중받는 엄마가 아니라 착취당하는 엄마로 말이다. 어쩌면 낮은 자존감을 어설픈 친절과 상대를 향한 맞춤 서비스로 가리고 있던 것은 아니었을까. 아니면 퍼줄 게 많아서 이리저리 흘리고 다닌 것일 수도 있다. 넘치고 남는 것을 주었다면 그나마 덜 억울하다. 내 진정성을 몰라준 상대가 밉고 야속하지만 그래도 내 쪽의 손실이 감당 못할 수준이 아니기 때문이다.

하지만 그런 게 아니라면, 나도 부족한데 바닥을 긁는 심정으로 퍼준 것이라면, 모르긴 몰라도 시간, 돈, 에너지 손실이 컸을 것이다. 이런 손실 관계를 일단락해야 자신도 성장할 수 있다. 편의와 이익이 먼저인 사람과 관계를 맺겠다고 애를 쓰다간 필연적으로

손실이 생긴다. 피 말리는 관계의 끝에서 성장의 싹이 자라날 수 있음을 명심하자.

기억할 또 한 가지는 버렸다는 자책감을 느끼지 않는 것이다. 내가 정리하고 싶은 그(그녀)들은 일찌감치 관계에는 관심이 없던 이들이다. 보통 관계의 변화(헤어짐)를 원하지 않는 쪽일수록 그 관계로 인해 편안함을 더 누린 경우가 많다. 가슴 아픈 것도 있겠지만, 당장 자기 삶이 불편해지기에 헤어짐을 받아들이지 못하는 것이다.

누구나 한 번쯤 '이 사람만큼 나를 잘 맞춰주는 사람도 없는데.' 혹은 '이 관계로 인해 내가 얻은 것이 많은데.'라는 생각을 해보았을 것이다. 이건 속물근성이 아니라 당연한 심리다. 문제는 한 사람만 이런 특혜를 독점해온 데에 있다. 번갈아가며 '관계의 이득'을 누려야 하는데, 받는 사람은 계속 받으려고만 하고 주는 사람은 늘 줘야만 하는 구도가 만들어진 것이다. 이것이 문제였다.

처음에는 '나만 너무 편한가?', '내 마음대로만 했나?'라는 자각이 들지만 이것도 잠시, 관계가 주는 안락함에 빠지면 어떻게 해서든 상대를 '자신이 원하는 방향으로' 통제하려 한다.

그와 그녀의 분노로부터 나를 지키는 법

먼저 자신의 필요를 채운 뒤에
사람을 만나야 한다

잘 헤어진다는 것은 무엇일까. 바로 이런 엇갈림을 정리하고 각자의 길을 가는 것이다. 이 지점에서 나 자신에게 물어보자. 나는 정말 관계에 관심이 있는 사람인가? 나도 나의 필요가 우선인 것은 아닌가? 만약 그렇다면 관계라는 미명 하에 애매한 사람을 만나 서로 시간을 소비하기보다는 나의 필요를 위해 힘쓰는 것이 먼저가 아닐까? 반복해서 말하지만, 자신의 필요를 해결하지 못하고 상대와 만나면 진정한 의미의 관심이나 배려를 가질 수 없다.

마지막으로 만약 상대가 내 손을 꽉 잡고 놔주지 않으면 어떻게 해야 할까.

"영영 이 사람에게서 헤어 나오지 못할 것 같아요."

절망으로 가득한 목소리를 내는 사람에게 필요한 것은 관계의 작용 반작용 법칙이다. 한쪽 힘이 없어지면 반대쪽은 자연히 없어진다. 다만 혼자 결정하고 혼자 빠져나와야 한다. 놓는 과정에서조차 상대의 동의나 협력을 기대할 수 없는 상황이다. 그렇지만 내가 손을 놓는 순간 사실상 기존의 관계는 끝나게 되어 있다. 혼자 '관계 맺기'를 하는 것은 어떤 식으로든 불가능하기 때문이다.

다시 만날 것처럼
손을 놓아라

...

먼저 이별을 결심하는 쪽이 힘이 세다

이별에 앞서 시간을 가지라고 권하는 이유는 헤어지기 싫은 자기 감정만 붙잡은 채 관계를 늪으로 빠지게 하는 사람 때문이다. 가슴 아프게 들리겠지만 필요하다면 이별을 원하는 상대의 손을 놓을 줄 알아야 한다. 상대가 손을 놓아달라고 할 때 놓을 수만 있어도 다시 그 손을 잡을 확률이 높아지기 때문이다. 그 사람이 없는 시공간을 견뎌낼 준비가 안 되어 있을 뿐이지, 우리는 누구나 이별을 감당하면서 산다.

냉정하게 들리겠으나 '떠난 마음'은 되돌리기 어렵다. "너무 이기적이잖아요. 잘 지내다 갑자기 헤어지자고 하는 게 어디 있어요?"라며 항변하고 싶을지 모른다. 하지만 관계를 붙들고 싶은 자신의 욕구만큼 벗어나고 싶은 상대의 욕구 또한 존중되어야 한다.

서로 마음이 어긋나는 순간에는 '내 마음'만 헤아리게 되는데, 이런 자세는 상대에게 "이러니까 내가 지쳤지."라며 헤어질 명분만 실어줄 뿐이다. 정말 소중한 사람이라면 '관계의 미래'를 위해서라도 지금은 놓아주자. 그것이 성숙한 어른의 용기다.

어찌 보면 "내가 그동안 시달렸어. 내가 피해가 컸어."라는 인식을 먼저 하는 쪽이 조금 더 강한 쪽일 수 있다. 정말 취약하고 힘이 없으면 자신에게 일어난 일, 일어나고 있는 일이 무엇인지 파악조차 할 수 없기 때문이다. 실질적인 의식불명 상태다.

먼저 정신을 차린 쪽에서 더 엉망으로 만들지 않을 방법을 모색하고 도움을 요청하는 수밖에 없다. 같이 교통사고를 당해 기절했을 때 119나 경찰에 도움을 요청하는 쪽은 가해자도 피해자도 아니고 먼저 깨어나 정신을 추스르는 쪽이다.

"만나는 내내 늘 약자였는데, 먼저 정신을 차렸다는 이유로 제가 강자라고요? 말도 안 돼요."

이렇게 항변하는 이가 있을 텐데, 그래도 이별하는 순간에서만큼은 '먼저 결심한 쪽이 강자'다. 헤어짐을 먼저 결심한 사람이 관계의 방향을 주도하고 이끌어가기 때문이다.

• • •

언젠가 그 손을
다시 잡겠다는 마음으로

잘 헤어지는 것은 단호하게 마무리하는 것을 말한다. 여기서 '단호하게'라는 의미는 뒤도 돌아보지 않을 만큼 매서운 끝을 의미하는 것은 아니다. 파괴를 향한 질주를 멈춘다는 말이다. 그래서 성능 좋은 '브레이크'가 필요하다. 그것만이 파괴적 관계에서 자신을, 어쩌면 상대까지 구원할 수 있다. "나는 더 이상 지금의 '너의 상태'를 용납하지 않겠다."는 의사를 상대에게 선포하는 것, 그것이 브레이크다. 사랑하는 사이, 오래된 사이라는 허울 좋은 이름 아래, 상대는 늘 부탁하고 나는 늘 들어주기만 했다면 더더욱 그래야 한다.

브레이크를 두려워하지 마라. 차를 운전할 때 우리는 안전이 위협받는 순간 당연히 브레이크를 밟는다. 마찬가지다. 관계가 파괴 양상으로 치달을 때 자신을 구하기 위해서는 브레이크를 밟아야 한다. 관계는 주고받음이다. 쌍방향이다. 내가 있고 네가 있는 것이다. 그 균형이 무너졌을 때 우리는 이별을 고할 수 있다.

그와 그녀의 분노로부터 나를 지키는 법

다만 이별을 먼저 결심했다면 상대에게도 시간을 주도록 하자. 제멋대로인 상대에게 지쳐서 끝내고 싶든, 자신을 지키고 싶어서 끝내고 싶든 이별의 사유와 상관없이 적어도 본인이 고민한 시간의 절반이라도 상대에게 내어주길 바란다. 그래야 상대방도 그 시간만큼 고민하고 생각하고, 그런 후 헤어짐을 받아들일 수 있다.

누군가가 내 손을 놓고자 할 때 그 뜻을 인정하고 같이 놓아주는 것이 최고의 배려라면, 먼저 손을 놓기로 한 사람 역시 지켜야 할 예의가 있다. 비록 지금은 함께하는 것이 힘들어 손을 놓을지라도, 언젠가는 다시 그 손을 잡겠다는 마음이다. 물론 상대가 건강한 관계 맺기가 가능한 때라는 전제가 붙는다. 이런 전제가 없으면 다시 만났을 때 '그때 네가 날 버렸었지.'라는 심리만 발동해 보상만 받으려 들 테니 말이다.

너와 내가 건강한 관계가 가능해질 때, 그때 함께하면 된다. 인연의 끈을 싹둑 자르지 말고 내려놓자고 말하는 것은, 스위치를 잠시 꺼두자고 표현하는 것은 미래의 어느 날, 다시 손잡을 날을 기대하기 때문이다. 관계를 정리한다는 건 영원한 이별만을 의미하지 않는다. 잠시간의 휴식, 다음 만남의 기약 모두를 의미함을 잊지 않도록 하자.

　　　　　　　　　　　이제껏 너를 친구라고 생각했는데

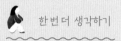

관계에 관한 몇 가지 Q&A

Q1. 스스로 무엇을 원하는지 알아야 한다고 말씀하시는데 그걸 어떻게 알 수 있나요? 방법을 모르겠어요. 어떻게 하면 제 욕구를 알 수 있을까요? 그냥 어렸을 때부터 주어진 것만 하면서 살다보니 제 욕구를 살피는 게 어려워요.

A1. 관계 안에서 자기 욕구를 파악하는 좋은 방법은 글로 써보는 거예요. 상대에게 내가 바라는 바가 무엇인지 단어나 문장으로 써보세요. 그럼 두 가지 진실을 알게 될 거예요. 글로 쓰지 않아도 내가 원하는 것이 무엇인지 알고 있다는 것이 첫째요. 글이나 내면의 목소리가 늘 진실한 것만은 아니라는 것이 그다음 진실이죠. 그런데 왜 써보라고 하냐고요? 글로 적지 않아도, 자신이 원하는 바가 무엇인지 알고 있음을 깨닫기 위해서예요. 아주 단순한 것을 깨닫기 위해서는 많은 품이 필요하거든요. 또 '글 따로, 본심 따로'인 경우가 얼마나 많나요? 어쩌

면 글로 적지 않아도 내 마음에 남아 있는 '문장', 그것이 진짜 핵심인지도 몰라요. 당신이 "내 욕구를 잘 모르겠어요."라고 했지만 한 번 생각해보세요. 실은 알고 있을 거예요. 다만 상대에게 자기 요구를 관철할 용기와 준비가 되지 않아서 시도조차 못하고 있는 것일 뿐이죠.

Q2. 경험상 휘둘림을 당할 거라는 것을 알아요. 그런데도 왜 자기 욕구가 강하고 남을 이용하는 사람에게만 끌릴까요? 제가 사람 보는 눈이 없는 건가요?

A2. 사람 보는 눈이 없는 게 아니라 정확해서 문제예요. 본인이 어떤 유형에게 끌리는지 너무나 잘 알아서인 거죠. 흔히 여성들이 나쁜 남자를 좋아한다고 하죠. 그런데 이성만 그런 게 아니에요. 사람들은 '나쁜 사람'에게 강한 끌림을 느껴요. 왜 그럴까요? 그들은 '관계의 처음, 중간, 끝' 중 처음에 가장 빛을 발하거든요.

주장을 강하게 표출하고 밀어붙이는 사람은 자기 견해가 확고하고 매사에 호불호가 명확하죠. 이게 보기에는 멋있어 보여요. 게다가 자신이 우유부단하고 소심한 편이라면 그야말로 상대방이 '능력자'처럼 보이죠. 그래서 주도성이 약하거나 의

그와 그녀의 분노로부터 나를 지키는 법

지하는 성향이 있는 쪽에서 그런 사람의 매력을 강하게 느껴요. 나를 대신해서 권리나 의견을 주장하고 대변하기 때문에 편한 측면도 분명 있어요. 앞장서서 화를 내거나 싸워주기 때문에 반하는 거죠. 문제는 그들은 '자신의 권리와 요구'가 침해당해서 화를 낸 것인데, 자꾸 나를 위해서 그렇게 했다고 착각하는 데서 생겨납니다. 왜 그러냐고요? 그들의 불만 상대가 '내'가 될 때도 그들은 '남들에게 했던 대로' 똑같이 할 것이기 때문이에요. 이게 좋다, 혹은 나쁘다를 이야기하는 게 아니에요. 이런 대상에게 매번 끌린다면 '심심한 사람'에게는 끌리지 않는다는 건데, 심심한 사람도 곁에 두고 살펴보아야 해요. 분명 당신이 발견하지 못해온 매력이 있습니다. 아니면 매력적인 사람을 감당할 정도로 본인의 물리적, 정신적 능력을 키우세요.

Q3. 이제 저도 좋은 사람과 어울리고 싶어요. 어떻게 해야 기존의 착취-피착취 관계에서 벗어나 좋은 인연을 맺을 수 있을까요?

A3. 이 질문에 대한 답은 이 책을 관통하는 내용이에요. 그만큼 힘든 질문인데, 콕 찍어서 하나만 이야기하자면 '관계 여행'을 권하고 싶습니다. 여행이 뭔가요. 각자 의미는 다르겠지만 여

행은 일상의 반대말이라고 생각해요. 일상이 무겁고 답답할 때 여행을 떠나고 싶은 건 그만큼 여행이 일상과는 정반대 색깔을 띠기 때문이니까요. 그래서 생각한 게 '관계도 여행이 필요하다.'입니다. 자신이 매일 만나고 부딪치는 대상이 있다면 그 사람과 전혀 다른 대상을 선택하는 것, 이게 관계 여행이에요. 제가 왜 이런 말을 하냐면, 무언가를 바꾸는 데에는 큰 에너지와 노력, 의지가 필요하기 때문이에요. 흔히 "사람은 원래 안 변해."라고 합니다. 자신이 가지고 있는 기질, 성향, 습관 등 어느 것 하나 바꾸기 쉬운 게 없어요. 그런데 나쁜 쪽으로의 변화는 또 쉽게 진행돼요. 종합하면 '사람은 좋은 방향으로 그냥 변하지 않는다.'라고 할 수 있겠네요. 한 번 꼬이면 계속 꼬이는 전화줄처럼 꼬임의 방향이 자리를 잡으면 역방향으로의 회전에는 별도의 수고를 들여야 해요. 전 관계도 마찬가지라고 봅니다. 기존 관계의 틀에서 벗어나기 위해서는 다양한 경험, 즉 정반대쪽으로 방향을 트는 것만큼 효과적인 게 없어요. 그러니 주변을 돌아보고 '전혀 다른 사람'이라는 생각이 들면 그냥 넘어가지 말고 좋은 관계를 만들어보세요. 설사 그 사람과 맞지 않는다 해도 실망하지 마세요. 관계의 관성에서 벗어나는 시도를 했다는 점에서 이미 당신은 성공한 것이나 마찬가지입니다.

Q4. 친구들이 저보고 이미지 관리 좀 하래요. 만만해 보이고 헤퍼

보인다고요. 저는 감정에 솔직한 게 좋다고 생각하는데, 진짜

고쳐야 할 문제일까요?

A4. 남에게 쉽게 속을 보이지 말라는 조언이나 충고, 낯설지 않죠.

이상하게 한국 사회는 자기를 감추는 일이 필요하다고 여기는

것 같아요. 물론 때에 따라서는 속내를 드러내지 않는 일이 미

덕이 될 때도 있어요. 그렇지만 속내를 드러내지 않는 사람만

잔뜩 있는 세상을 상상해보면 너무 답답하지 않나요? 만약에

본인 스스로 생각할 때 '만만해 보여서' 자신을 함부로 대하는

사람이 많았고, 그로 인해 상처를 받았다면 친구의 조언을 고

민해보는 것도 필요합니다. 하지만 저는 당신이 가진 장점을

가리지 않았으면 좋겠어요.

자기 감정에 솔직한 것과 속없고 헤픈 것은 달라요. 이 둘을

혼동하면 타인과 친밀감을 잘 쌓는 당신의 장점이 자칫 '헤픈

성격'이 되고 맙니다. 헤프다는 것은 똥오줌 못 가리고 감정을

쏟아내는 것이지만, 사람들을 좋아하고 다가설 용기를 가진

건 정말 대단한 능력이거든요. 자신을 누군가에게 내보이는

것, 내 마음을 열어 보이는 것은 큰 용기와 자신감이 없으면

불가능한 일이에요. 내 집에 손님을 초대하려면 상대를 배려

하는 마음과 함께 자신의 집을 보여줄 준비가 되어 있어야 하거든요. 일단 자신감이 있어야 해요. 자신이나 상대를 향한 신뢰가 바탕에 있지 않으면 힘든 일입니다. 내가 나를 드러내도 아무것도 손해 보지 않을 거라는 믿음. 당신은 이 믿음을 뿌리 깊게 가진 건강한 사람입니다.

Q5. '관계도 선택하는 시대'라고 하지만, 저에게는 이 말이 이기적으로 들립니다.

A5. 친구도 선택해야 한다는 말이 이기적으로 들리나요? 그럴 필요 없어요. 어렸을 때 부모님이 아무리 공부 잘하는 반장이랑 친하게 지내라고 말했어도 아마 많은 분이 자신과 성향이 맞는 친구를 사귀었을 거예요. 물론 성인이 된 지금도 마찬가지고요. 누구나 이미 그렇게 하고 있다는 이야기를 하는 겁니다. 당장 '금쪽같은 주말에 누구를 만날까?'라고 자문해보세요. 그럼 머릿속으로 몇 명 정도 간추려질 것이고 그중 1순위, 2순위, 3순위로 만나자고 연락할 사람의 순위가 정해질 거예요. 큰 맥락에서의 관계 선택은 아니어도, 그 선택으로 가기 위한 '작은 선택'은 일상적으로 자연스럽게 하는 거죠. 그리고 관계를 선택하는 시대라는 말 안에는 이미 너무 많은 사람과 만나

고 있다는 사실이 전제되어 있기도 합니다. 오히려 선택을 안 하는 것이 이상하죠. 그 안에서 나와 잘 맞고 좋은 관계를 꾸려나갈 동반자를 선택하는 것은 좋다, 나쁘다의 문제가 아니라 삶의 필요 과정으로 보는 게 타당할 것 같아요.

Q6. 몇 번 시도했는데 좋은 관계를 만들지 못했어요. 이런 데는 재주가 없는 것 같아요. 도대체 얼마나 더 실패해야 관계가 안정될까요?

A6. 몇 번이라고 답할 수 있으면 참 좋겠는데 미안해요. 대신 시행착오를 포기하지 말라고 응원하고 싶어요. 실제 환자를 치유하는 과정에서 어려운 것 중 하나가 시행착오의 필요성을 수용하고, 삶에 적용해보도록 하는 일이에요. 착오는 필연적으로 마음의 좌절, 실망을 동반하기 때문이죠. 안 그래도 상처가 많아서 심리 치료를 시작한 사람에게 이런 과정이 불필요한 생채기를 내는 것처럼 느껴질 수 있거든요. '착오를 꼭 겪어야만 하는가?'라는 의문이 떠나질 않는 거죠. 제가 지독한 경험주의자처럼 보일지 모르겠지만, 착오 없이 제대로 된 무언가를 얻는 방법은 잘 모르겠어요. 다만 착오를 수정할 수 있고 감당 가능한 수준으로 최소화하는 방법에 대해선 일

러줄 수 있어요. 바로 '아이처럼' 하는 겁니다.

아이들은 놀이든 공부든, 사람에 대해서든 무언가를 습득할 때 무한 반복합니다. 근데 또 자세히 보면 무한이 아니에요. 아이 스스로 이만하면 됐다 싶을 때까지 하죠. 무언가 결론이 나면 반복을 멈추고 새로운 시행으로 넘어가는 거예요. 그래서 '아이처럼'이라고 전한 거예요. 관계에서야말로 이런 유연함이 중요하거든요. 시행하고 반복하는 것도 중요하나 적절한 시점에서 정리하고 끝내는 일이 더 중요해요. 특히 이 과정에서 얻은 것과 착오에 대해 요약, 정리하는 시간을 가져야 해요. "난 이번에도 관계 맺기에 실패했어."라며 좌절만 하고 지나치면 아무런 성장도 이룰 수 없어요.

그리고 중요한 게 있어요. 다양한 사람과 어울리고 모임에 나가라고 하면, "나갔는데 얻은 게 없었어요."라고들 이야기하는데 이건 만남을 자본화시킨 생각이에요. 자신이 다양한 경험을 할 '기회'를 얻는 것에 초점을 두는 편이 훨씬 좋습니다.

우리는 서로에게 꽃이 되기도 하고
필요가 되기도 한다

〜〜〜〜〜〜〜〜〜〜

• • •

모든 만남이 '너와 나'일 수는 없다

"뭐? 내가 이용당했다고?"

대책 없는 분노가 앞선다.

"아니야. 나는 그 친구를 이용한 적이 없어!"

마치 범죄자로 몰린 것마냥 발끈한다.

앞에서 우리는 이용당하고 착취당하는 관계의 부당함에 대해
얘기했다. 하지만 중간중간 그보다 더 중요한 포인트를 신중하게,
아주 신중하게 짚어왔는데 바로 '필요에 의한 관계'다. 다르게 표현

하면 나와 그것의 관계다.

솔직히 말하자. 우리는 순수한 관계에 대한 강박에 시달린다. 필요에 의해 누군가를 만나는 건 나쁘다고, 사람을 이용하는 건 파렴치한이나 하는 짓이라고, 그렇게 교육받아왔고 그렇게 강요받아 왔다.

하지만 현실은 어떤가. 누군가 나를 이용하듯 나 또한 누군가를 이용하고 있다. 직장에서, 사회에서, 친구 간에, 심지어 가족 사이에도 이용과 이용의 양자 관계가 존재한다. 양자 간의 균형이 깨졌을 때가 문제인 것이지, 그 자체가 당장 지옥불에 떨어뜨려야 할 악인 것은 아니다.

. . .

이제는 필요에 의한 관계 또한 중요해졌다

에필로그라는 공간에 이렇듯 애를 써서 또 한 번 이야기를 풀어놓는 이유는 우리가 흔히 알아온 것과 다른, 낯선 관점을 독자들에게 권고하기 위해서다. 지금 세상에서는 '나와 너'의 관계 못지않게 '나와 그것'의 관계가 중요하다. 이 무슨 소리인가. 인간 대 인간으로 만나는 아름다운 관계를 꿈꾸는 누군가의 마음속에 반발심이 일기 전에 서둘러 설명을 이어가겠다.

이상적인 것만이 답이 아니다. 어쩌면 '현실에 기초한 관계 맺기'가 지금 우리가 알아야 할 관계의 핵심일지 모른다. 나는 이것을 '필요에 의해 맺는 관계'라 말하겠다. 나와 너의 관계가 우위에 있고 나와 그것의 관계는 하위에 있다는 정의는 사실 현실 사전에서 들춰봤을 때 너무나 협소한 개념이다. 그렇다면 무엇을 알아야 할까.

자기 필요를 올곧이 인정하는 법, 그 사실을 받아들이면서도 인간됨을 유지하는 법, 타인에게 휘둘리지 않는 법, 관계에서 존엄성(dignity)을 잃지 않는 법, 나와 타인의 가치를 파괴하지 않는 법, 정글 같은 사회에서 이용만을 목적으로 득달같이 달려드는 사람들에게서 자신을 보호하는 법, 바로 그런 것을 알아야 한다. 순수한 관계에 대한 강박에 갇힌 상태에서는 이 같은 문제에 대한 실질적인 해법을 갖기 힘들다. 나를 지키고 결과적으로 너를 지키기 위해서는 이상론이 아닌 현실론, 즉 서로의 필요를 인정하는 전제에서 답을 찾아나가야 한다.

···

나를 지키고 너를 지키기 위한
7개의 자문자답

이 모든 것을 향한 첫 번째 문은 자기 필요를 인정하는 것, 그리고 찾는 것이다. 다음은 그것을 찾기 위한 질문들이다. 일곱 가지 질문을 숙고한 후 힘들더라도 최대한 그 답을 찾기 위해 노력해보자.

1. 자기 필요에 대한 자각: 나는 관계에서 무엇을 필요로 하는가?

나의 필요를 얼마나 알고 있는가에 대한 질문이다. 리스트로 정리해보자. 구체적으로 적어보란 뜻이다. 보통은 더 이상의 설명이 불필요할 정도로 아주 선명한 부분과 애매모호한 구역으로 나뉜다. 사람에 따라서는 필요에 대해 아무 생각이 없을 수 있다. 이렇게 말할지 모른다.

"글쎄요. 저는 딱히 필요한 게 없는데요."

사실 필요한 게 없는 사람은 없다. 정말 필요한 게 없어서가 아니라 자신이 모르는 것일 뿐이다.

2. 나의 필요를 중심으로 한 나와 타인의 관계성: 지금 마주하는 상대는 그런 나의 필요와 얼마나 관계가 있는가?

나의 필요와 딱 맞닿아 있다, 부분적으로 충족시킨다, 나의 필요와는 전혀 상관이 없다, 등으로 그 정도를 가늠해볼 수 있다.

3. 타인을 인격적 존재로 인식하는 나의 수준: 나는 그 사람을 인격적 존재로 인지하는가?

타인은 그 자체로 하나의 인격적 존재다. 나는 그것을 관계 속에서 얼마나 인식하고 경험하는가? 나의 필요를 제외하고, 그 사람과 함께하는 시간이 얼마나 즐거운가? 얼마나 의미 있게 다가오는가?

4. 나의 필요 때문에 타인에게 접근할 때 나의 태도: 나는 그 사람에게 어떤 태도로 필요한 것을 요구하는가?

내게 필요한 어떤 것을 상대가 가지고 있음이 분명하고 내가 그것을 원할 때, 나는 상대에게 그것을 요구하는가? 요구한다면 어떤 태도로 요구하는가? 강요하는가? 비굴해지는가? 아니면 정중하게 부탁하는가?

5. 타인의 결정과 그에 대한 나의 반응: 그 사람의 결정에 나는 어떤 반응을 보이는가?

나는 그 사람에게 나의 필요를, 또는 그 필요를 채우기 위한 무언가를 요청했다. 그 사람은 나의 요구에 어떤 반응을 보이는가? 도움을 주겠다고 동의하는가? 만약 동의하지 않을 때 나는 어떻게 대응하는가?

나는 상대의 의사를 존중하고 받아들일 준비가 되어 있는가?

6. 필요와 도움의 경계에 대한 질문: 어디까지 도울 것인지 서로 얘기가 되었는가?

상대가 나의 필요에 대해 긍정적인 반응을 보였다면 다음 질문은 이것이다. 도움의 실제적 한계와 범위에 대해 서로 명확히 선을 그었는가? 그에 대한 소통이 가능한가?

7. 필요를 위한 관계적 상호작용 이후 나의 반응: 나는 상대에게 어떻게 고마움을 표시하는가?

내가 실제적 도움을 얻었을 때 나는 상대에게 충분히 고마워하는가? 고마워할 수 있는가? 고맙다면 그것을 표현하는가? 표현한다면 어떻게 하는가?

. . .

'마음과 필요'를 나누는 보다 현실적인 관계에 대하여

앞의 일곱 가지 질문은 나의 관계 문제를 진단하고 풀어가는 데 상당한 도움이 된다. 각자가 자기 필요를 명확히 알고, 그 필요 때문에 눈앞의 타인과 마주함을 분명히 하는 것은 대단히 중요하다. 그런 상태에 이르러서야 비로소 상대를 직시하고 그에게 나의 필요를 정중히 부탁할 수 있기 때문이다.

더불어 나는 내 부탁에 대한 상대의 답변을 존중할 준비가 되어 있어야 한다. 그래야 관계를 '나와 그것'으로 시작하더라도 이후에 '나와 너'의 만남이 가능해진다. 타인이 내게 베푸는 호의를 호의로 받아들이면서 나 자신도 여전히 인격적 존재로 남을 수 있는 것이다. 다만 이때 상대가 호의를 갖고 나에게 필요를 제공하는 건지, 다른 목적을 갖고 미끼를 제공하는 건지는 스스로 분별해야 할 몫이다.

일곱 가지 질문은 나의 필요를 아는 데도 유용하지만 '필요' 때문에 나에게 다가오는 상대를 가늠하는 데도 유용하다. 질문의 주체를 상대로 바꿔보란 얘기다. 이런 일련의 진단 과정을 거친 후, 내가 가진 무언가를 그에게 베풀지 말지를 최종 결정하면 '모르고 당하는' 일 없이 '기껍게 내어주는' 필요 충족의 관계가 형성된다. 바로 여기가 서로가 서로의 필요를 인정하는 균형 관계의 시작점이 될 것이다.

일방적인 이용과 착취는 지양하는 것이 맞다. 어떤 상황에서든 나를 지키는 것은 옳다. 그런 기본 전제 안에서 너와 내가 서로를 인격체로 존중하며 때로 마음을 나누고 때로 필요를 채우는 그런 관계가, 어쩌면 지금 우리가 지향할 수 있는, 내가 독자들에게 권하고 싶은 가장 현실적인 답안이 아닐까 생각한다.

이제껏 너를 친구라고 생각했는데

친구가 친구가 아니었음을 깨달은 당신을 위한 관계심리학

초판 1쇄 2019년 3월 15일
초판 22쇄 2022년 2월 10일

지은이 | 성유미

발행인 | 문태진
본부장 | 서금선
북에디팅 | 방미희
일러스트 | 김서이
디자인 | [★]규

기획편집팀 | 한성수 임은선 박은영 허문선 이보람 송현경 박지영　　　저작권팀 | 정선주
마케팅팀 | 김동준 이재성 문무현 김혜민 김은지 이선호 조용환 박수현　　　디자인팀 | 김현철
경영지원팀 | 노강희 윤현성 정헌준 조샘 최지은 조희연 김기현
강연팀 | 장진항 조은빛 강유정 신유리 김수연

펴낸곳 | (주)인플루엔셜
출판등록 | 2012년 5월 18일 제300-2012-1043호
주소 | (06619) 서울특별시 서초구 서초대로 398 BnK디지털타워 11층
전화 | 02)6206-3217(기획편집) 02)720-1024(마케팅) 02)720-1042(강연섭외)
팩스 | 02)720-1043　　전자우편 | books@influential.co.kr
홈페이지 | www.influential.co.kr

ISBN 979-11-86560-95-2 03180